読解力を育て・豊かな心をはぐくむ

文学の授業 4

大造じいさんとガン

教材分析と全発問

各時間の児童の感想掲載

山口 憲明

本の泉社

◉目　次◉

はじめに～文学教育に取り組もう

読解力の低下が言われて久しい。しかし、それに対する取り組みは見られません。文学教材が音読のための教材に、劇や紙芝居作りのための教材になっています。読解力の低下、それは、文章を読み解く力の低下であり、文学、物語の教育では、人物の気持ちを読み解く力、文章をイメージ化し、人物の思いを考える、その想像力、思いやる力の低下です。

実際、子どもたちと接してきて、その心の中にみずみずしい感性や人を思う優しさを以前ほどには感じなくなってしまいました。この間、国による教育内容への指導が強まり、「国際化」への対応などという理由で「話す」ことが重視され、文学教育はほとんど行われなくなってしまいました。

次に掲げるのは、物語『大造じいさんとガン』で、残雪がハヤブサと闘う姿を見ての子どもたちの感想です。

> 残雪はせっかく天てきのはやぶさからにげきれたのに、なぜその場に、もどってきたのかと、さいしょは思ったけど、それは、残雪にとって仲間がかけがえのないものだからだとすぐわかりました。自分がぎせいになっても、仲間をまもるというけっしんはすごいなと思いました。

> 残雪は人間やはやぶさがいたってかまわないほど、しんけんに仲間をたすけているんだと思いました。沼地に落ちていって、力もむこうの方が強い残雪は、このままどうなってしまうのか、しんぱいです。

思いやりは想像力です。人の身になって友だちの心の中に入ってその思いを考えることです。人の身になって友だちと一緒になって喜んだり悲しんだりすることです。文学体験はその練習、訓練になるものです。子どもたちの心情を豊かに育てる。これが文学教育の大切な課題なのです。

また若い人たち、大人たちを含めて、今、「どう生きるか。」という問いも希薄になり、功利的な物の見方、生き方が広がってきたように思うのです。

ぼくはこの物語を読んで、仲間の大切さを教えられました。マザー・テレサのでんきを読んだ時は、貧しい人を差別せずに平等な世界を広げようと教えられました。そして、この大造じいさんとガンでは、仲間を大切にするということを感じました。いくら自分が厳しい状況でも仲間を優先にし、ぜったい守りきる、それがリーダー・頭領の役目だなあとあらためて感じました。ぼくは、これまで仲間や友だちより自分中心で、自分がよければばいいと思っていましたが、それは違いました。自分のことも考えておきながら、仲間を助けるということが大切だと思います。ぼくも、このような本をきっかけに自分中心がなくなるといいと思います。

これは、物語『大造じいさんとガン』を読み終わっての子どもの感想です。「仲間を助けることが大切だ。」「貧しい人を差別せず平等な世界を広げよう。」これが、この男の子が物語『大造じいさんとガン』、伝記『マザー・テレサ』から学んだことです。子どもたちは哲学や宗教を学ぶことはありません。しかし、この時期から文学に触れ、物語を読み解き、人や社会について考える、自己を見つめる。文学に含まれる価値・真実から自らの生き方の基礎を学び培っていく。このことも文学教育の重要な課題です。そしてそれは子どもたちの将来の世界観・人生観につながっていくのだと思うのです。

文学教材を朗読などのための教材にはしない。文学を文学として読んでいく。豊かな情操、思いやり、真実の探求、人間性の深化。文学教材が子どもたちの心の糧になるように秀れた文学作品からその内容を深く豊かに学んでいってほしいと思います。

一、物語『大造じいさんとガン』の教材分析

❶ 物語の構成と内容

◆全体の構成

この作品は前文と本文に分かれ、本文は四つの場面からなっている。

前文は、この物語の場面設定と登場人物「大造じいさ

ん」の紹介である。そして、本文は一場面から三場面までが仲間のガンをめぐっての残雪と大造じいさんとの闘いであり、最後にハヤブサとの闘いで負った傷も治り体力も元にもどった残雪を大造じいさんが解き放してやる四場面で終る。

◆前文について

この前文は、この物語の場面設定と登場人物「大造じいさん」の紹介である。場面（時、場所）は、「今から三十五、六年も前、まだ栗野岳のふもとの沼地にガンがさかんに来たころの、ガンがりの話」である。そして、登場人物「大造じいさん」は、「七十二才だというのに、こしひとつ曲っていない、元気な老かりゅうどでした。」「かりゅうどのだれもがそうであるように、なかなかの話し上手の人で」「イノシシがりの人々は、みな栗野岳の大造じいさんの家に集まる」のでした。

教科書によっては、この前文のないものもあります。しかし、この前文は重要です。あるとないとでは大違いです。この物語の場面設定、狩人である大造じいさんの基本的な人物像が欠落してしまうのです。この前文の役割については後でさらに詳しく述べたいと思います。

◆一章について

◎「残雪」の紹介

・一羽のガンにつけられた名前。左右のつばさに一か所ずつ、真っ白なまじり毛をもっていた。ガンの頭領。なかなかりこうなやつ。人間を寄せつけない。

※　残雪のイメージは「真っ白」である。仲間が、えをあさっている間も気を配っている。自分が食べることは後である。ここで、残雪の「人物像」をおさえることでこの物語の両雄のイメージが確立する。

くり返すが、前文がなければ片方の主人公である「大造じいさん」のイメージ、人物像がはっきりしないまま、この物語に入っていくことになる。

◎大造じいさんと残雪の関係

・大造じいさんは、このぬま地をかり場にしていたが、この残雪が来るようになってから、一羽のガンも手に入れることができなくなったので、いまいましく思っていた。

※　大造じいさんにとっての残雪の存在である。「かり場」とは、猟師にとっては仕事場である。「一羽のガンも手に入れることができない。」生活にかかわるのである。「いまいましい」とは、生活に関っていまいましいのである。

　そして、ここまでの両者の人物像、関係からこの物語は出発する。ここからは大造じいさんの闘いがはじまる。ここまでをしっかりと押さえないと物語全体の読みが浅くなってしまう。ここまでを確実にとらえさせて児童の読みの姿勢をしっかりと確立したいと思う。

◉今年（第一場面）の大造じいさんの作戦、その結果とガンたちへの思い、認識

・えをあさる辺り一面にくいをうちこんで、タニシをつけたウナギつりばりをたたみ糸に結び付けておくことでした。

・「ほほう、これはすばらしい。」一羽だけであったが、生きているガンがうまく手に入ったので、じいさんはうれしく思いました。

・しかし、大造じいさんは、たかが鳥のことだ　～　と考えて、昨日よりももっとたくさんのつりばりをまいておきました。

※　「たかが鳥のことだ」これがここでの大造じいさんの残雪をはじめとしたガンたちへの思い、認識である。ここにおいては、まだ大造じいさんの心の中には残雪たちをみくびった、侮った思い、とらえがある。そしてこのとらえ、認識をスタートとして、読者・児童は大造じいさんの残雪への認識の変化・深まりをとらえていく。大造じいさんと一緒に体験していくのです。

◉そのまた翌日の結果。残雪の知恵、指導。大造じいさんの残雪への思い・認識

・そのよく日、大造じいさんは出かけていきました。

・じいさんは「はてな。」と首をかしげました。

・今日は、一羽も針にかかっていません。

※　これが、一場面における大造じいさんの闘いの結果です。大造じいさんが、今年こそはと考えた作戦に、残雪たちは二度はひっかからなかったのです。見破ってしまったのです。

・ガンは、昨日の失敗にこりて～、いじょうなしとみとめると、初めて飲み込んだものらしいのです。これも、あの残雪が仲間を指導してやったに違いありません。

※　これが残雪の知恵・指導です。そしてガンたちは残雪にとって仲間なのです。残雪は頭領だけどガンたちは手下・弟子ではなく、仲間なのです。語り手がそう語っているのです。または作者の思い、考えかもしれません。人はみな仲間。上下の関係ではなく、横に並んだ、横に手を結ぶ関係なんだということです。五年生にこの作品を通して仲間ということを考えさせてほしい。仲間にたいする姿勢・態度を学ばせてほしいと思います。そして残雪は常に注意深く知恵を働かせながら、この仲間のガンたちを指導し守っていくのです。知恵とは仲間の生命を守るために使われるのです。

・「ううむ。」

大造じいさんは思わず感たんの声をもらしてしまいました。

・どうしてなかなか、あの小さい頭の中に、たいしたちえをもっているものだなと、いうことを、今さらのように感じたのでありました。

※　感たんとは、すばらしさに感心することです。そして知恵とは何なのか。知恵と知識とどうちがうのか。知恵とは物事を判断、処理する能力です。行動・実践の中で発揮される力です。ここでは、まず前時の「たかが鳥のことだ」と対比して、大造じいさんの残雪に対する思い、認識がどう変化したかを考えます。そしてこれが一章での大造じいさんの残雪に対する認識です。そしてさらにこのとらえ・思い・認識が、二章・三章と繰り返され深まっていくのです。

◆二章について

◉二章の書き出し

・そのよく年も、残雪は、大群を率いてやってきました。

・例によって、ぬま地のうちでも見通しのきく所をえさ場に選んで、えをあさるのでした。

※　「大群を率いて」一章の「ガンの群れを率いて」から、さらに残雪のイメージがふくらみ、大きくなっている。

「見通しのきく所」、これもガンたちの生命を守るための知恵である。敵が近づいてきたらすぐに見つけられる所である。岸辺のやぶの近くなどは、極めて危険なのである。きつねなどの外敵は、そういうところに身を隠しながらこっそりと忍び寄ってきて、襲いかかるのです。

　さあこんな残雪たちを大造じいさんは、今年どのようにしてとらえるのだろうか。

◉大造じいさんの今年（二章）の作戦

※　ここでは、今年の作戦にかける大造じいさんの思いを強調する表現がくり返される。国語科ですから、言葉、文、これらの表現から、大造じいさんの今年の作戦にかける強い思いを読み取っていく。

・大造じいさんは夏のうちから心がけてタニシを五俵ばかり集めておきました。

※　ガンたちは、秋になってから沼地にやってくる。大造じいさんの闘いは夏からもう始まっているのです。

・そしてそれをガンの好みそうな場所にばらまいておきました。その翌日も同じ場所に、うんとこさとまいておきました。そのよく日も、そのまたよく日も、おなじようなことをしました。

※　「うんとこさ」とは、非常にたくさんということです。そしてここでは助詞「も」がくり返されます。この「も」は並列、反復、くり返しの「も」です。大造じいさんが入念に準備するその行動、思いを読み取っていきます。反復は、結果として強調表現です。どうして大造じいさんは何度もタニシをまくのか。くり返しタニシをまく大造じいさんはどんな思い、どんな気持ちなのでしょうか。

・ガンの群れは、思わぬごちそうが四・五日も続いたので、そこがいちばん気に入りの場所になったようでありました。

・そこで、夜の間に、〜　小さな小屋を作ってその中にもぐりこみました。そして、ねぐらをぬけ出して、このえさ場にやってくるガンの群れを待つのでした。

※　これが今年の大造じいさんの作戦です。入念に準備した大造じいさん、思い通りにガンを仕留めることができるでしょうか。（仕掛）

・あかつきの光が、小屋の中にすがすがしく流れこんできました。

※　情景描写です。情景とは心がとらえた景色、様子です。ここは、大造じいさんがとらえた景色であり、ここから逆に大造じいさんのここでの気持ちが読み取れます。「あかつき」とは夜明けのことです。しかし、「夜明け」とどう違うのか。ここでは残雪を今年こそはとらえてやろうとする大造じいさんの熱い心を表します。「すがすがしく」会心の笑みをもらした大造じいさん。準備万端。心にくもりなく残雪を待つのです。

・ぬまちにやってくるガンのすがたが、かなたの空に黒く点々と見えだしました。
その群れは、ぐんぐんやってきます。

※　だれに「ガンのすがた」がみえたのか。ここでは視点人物が大造じいさんであることがはっきりとわかります。語り手が大造じいさんの側から語っていることがよくわかります。つまりこの作品では、地の文に大造じいさんの気持ちが表れます。それを読者である児童は読み取っていくのです。

「ぐんぐんやってきます。」これも大造じいさんがとらえたガン」たちの様子です。そしてここでは現在形の文末「ぐんぐんやってきます。」を考えます。「やってきました。」と、どう違うのか。どうして「ぐんぐんやってくる」ことが現在形で表現されるのか。普通、物語は過去形で語られていきます。その中に現在形が用いられると、その場に臨場感を与えます。そして現在形は強調表現でもあります。ここでは、かなたの空からぐんぐんやってくるガンの群れを待つ大造じいさんの心の高まり、緊張感が、この文末に表現されているのです。

・「しめたぞ。もう少しのしんぼうだ。あの群れの中に一発ぶちこんで、今年こそは、目にもの見せてくれるぞ。」りょうじゅうをぐっとにぎりしめた大造じいさんは、ほおがびりびりするほど引きしまるのでした。

※　ここでは残雪たちを待ち受ける大造じいさんの極度に緊張した思い、様子が語られます。会話文は「ぞ」「だ」「こそ」「のでした」など、強調表現の連続です。「ぶちこむ」とは、「うちこむ」とどう違うのか。「目にもの見せてくれる。」とは思い知らせてやるということです。「ぐっとにぎりしめた」「ほおがびりびりするほどひきしまる」とはどんな様子なのか。これらの表現を考えイメージ化し、児童は大造じいさんの経験を追体験していくのです。

◉残雪の知恵が再び仲間を守る

・残雪は、ゆだんなく地上を見下ろしながら、～　やってきました。そして～　昨日までなかった小さな小屋をみとめました。

ぐっと、急角度に方向を変えると、～　ぬま地のずっと西側のはしに着陸しました。

※　くり返しますが、残雪は常に群れの先頭を来るのです。仲間を前にはしないのです。そして、注意深く判断し、万全を期すのです。ここでも敏感に判断し、りょうじゅうのたまの届かない所に着陸し、仲間のガンたちを守ったのです。

◉二章の結果と大造じいさんの残雪への思い

・～、またしても、残雪のためにしてやられてしまいました。

大造じいさんは　～、「ううん。」と、うなってしまいました。

※　これが、二章の結果です。そして大造じいさんの残雪に対する思いです。「してやられる。」とは、ほかの人の思いどおりにうまくやられることです。大造じいさんは、夏から準備を重ねてきたにもかかわらず、残雪の注意深さ、鋭い本能の前にはかなわなかったのです。「うなる。」とは、ショックなどを感じたときに苦しそうに低くひびく声を出すことです。やはり狩人として入念に準備をしたにもかかわらず、残雪の知恵のまえにしてやられたことにショックを受け、大造じいさんは、低くうなり声を発してしまったのです。ここでは「ううん。～。」に続く言葉を想像させ、ここでの大造じいさんの残雪への思い、認識をとらえていきます。「またしても」とは、一章とのくり返しです。

ここでは二章のまとめをするとともに、一章との反復くり返しをとらえ、一章と同じことは何なのか、共通することは何かを考えます。大造じいさんはくり返し残雪をどう思ったのか。大造じいさんとともに残雪への思いをふくらませ、さらに深めていくのです。

◆三章について

◉今年（三章）の大造じいさんの作戦（①②段落）

・「今年(は)ひとつ、これを使ってみるかな。」

※　これとは二年前に大造じいさんがつりばりの計略で生けどったガンです。大造じいさんはあのガンを始末せず、鳥小屋で飼っていたのです。

・じいさんは　〜　、このガンを手に入れた時からひとつ、これをおとりに使って残雪の仲間をとらえてやろうと、考えていたのでした。

※　くり返しますが大造じいさんは、残雪の仲間をとらえようとしているのです。つまり、ガン狩りなのです。「残雪をとらえてやろう。」ではないのです。この物語は、残雪の仲間のガンをとらえようとする大造じいさんとそれを守ろうとする残雪との知恵比べなのです。狩人の中の狩人である大造じいさんとガンの頭領・残雪との闘いなのです。

・さて、いよいよ残雪の一群が今年もやってきたと聞いて、大造じいさんはぬま地へ出かけていきました。

ガンたちは、　〜　、たまのとどくきょりの三倍もはなれている地点をえさ場にしているようでした。そこは、夏の出水で大きな水たまりができて、ガンのえが十分にあるらしかったのです。

※　これが大造じいさんが見た今年の残雪たちの様子です。三倍(も)の(も)は強調の(も)です。今年(も)の(も)（くり返しの(も)）と比べて考えさせると良いと思います。そして、この三倍もはなれているということが、残雪たち、ガンの知恵なのです。そしてさらに、えも十分にある。安全で、食料も手に入る。これが自然界に日々生きていく動物たちの基本的に必要な生活条件なのです。どちらを欠いても生きてはいけないのです。この残雪たちの仲間を大造じいさんはとらえようというのです。

◉捨身で仲間を守る残雪　（③④⑤⑥段落）

三章は残雪の知恵ではない。知恵を越えた捨身の闘いである。ここに一章、二章とは違ったさらに厳しく美しい、残雪の姿がある。

・「さあ、いよいよ戦とう開始だ。」

東の空が真っ赤に燃えて、朝が来ました。

残雪はいつものように群れの先頭に立って美しい朝の空を、真一文字に横切ってやってきました。

※　戦とうとは、武器をもって敵を倒そうと戦うことです。もはや大造じいさんにとっては残雪と闘うことが、ただの「狩り」などではなくなっているのです。「東の空が真っ赤に燃えて」も情景描写です。残雪を迎え撃つ大造じいさんの心が真っ赤にもえているのです。「群れの先頭に立って」これも二章との繰り返しです。群れを導き、群れを守りながら、残雪はいつもやってくるのです。「真一文字に横切って」大造じいさんと残雪との対決がイメージとしって浮かび上がってきます。

・「さあ、今日こそ　あの残雪めにひとあわふかせてやるぞ。」

※　この会話文にこの三年間の、これまでの大造じいさんの残雪への思いが集約して表現されています。「今日こそ」とは、この三年間、それ以上の年月を含めて今日こそ決着をつけるということです。指示語「あの」残雪とは何を指すのか。ウナギつりばりの作戦などを見破られ、してやられ続けた残雪です。「め」とは「奴」（やつ）ということです。「ひとあわふかせる」とは意表をついて驚きあわてさせることです。

　しかし残雪は大造じいさんのこの憎しみにも似た思いをさらに突き破る行動をこのあと展開させる、見せるのです。

・と、そのとき、ものすごい羽音とともに、ガンの群れがいちどにバタバタと飛び立ちました。

「どうしたことだ。」

※　「バタバタ」は擬音語であり、ここでは擬態語でもあります。「バタバタ飛び立つ」とは、どんな様子な

のか。残雪たち、ガンの群れの混乱した状況をこの表現から読みとります。「どうしたことだ。」大造じいさんにとっても予定外、想定外の状況が生まれたのです。「どうしたこっちゃ。」ということです。

・ガンのむれを目がけて、白い雲の辺りから何か一直線に落ちてきました。「ハヤブサだ。」

※「落ちてきた。」とはどういうことなのか。飛んできたなどとどう違うのか。ハヤブサは、なぜ何のためにガンの群れを目がけて落ちてきたのか。ガンにとってハヤブサとはどういうものなのか。（天敵）まさに今、ガンの群れにとって危機的な状況です。さあこの状況からがんたちは逃れることができるのか。残雪はどう行動するのでしょうか。厳しい状況の中でこそ、その人物の人間的資質が試されるのです。そこに人間としての真実が現れるのです。子どもたちは、このような物語作品を読み、体験し、人間理解を深めていくのです。

・ガンの群れは残雪に導かれて実にすばやい動作で、ハヤブサの目をくらましながら飛び去っていきます。

※ バタバタと混乱していたガンの群れが、その直後には残雪の指導力、統率力で実にすばやく飛び去っていくのです。「目をくらましながら」とは、どういうことなのか。スピードでは、ハヤブサにかなわないガンたち、例えば上下や左右に蛇行しながらでもして飛んでいくのでしょうか。やはりここでも先頭になって飛ぶ残雪は、知恵を働かせることによって危機的状況に陥ったガンの群れを救うのです。

・「あっ」

一羽、飛びおくれたんがいます。

大造じいさんのおとりのガンです。

※ ここは現在形の文末が続きます。ここは、まるで語り手が頭上で展開されるガンとハヤブサの事件を実況中継しているかのように見えます。そして、この現在形は強調表現です。ここでは大造じいさんのおどろきも表します。今度こそ決着をつけようと銃を握りしめたその時、ガンたちはハヤブサに急襲されて飛び去っていってしまったのです。その残雪の瞬間の判断、

適切で巧みな指導に驚き、関心しているのです。そしてさらに一羽飛びおくれたそのガンが、大造じいさんのおとりのガンだったのです。例えば過去形「〜おとりのガンでした。」などと読み比べさせてください。どうしてここが現在形の表記になるのか。逆にこの現在形の表記が何を表すのか、子ども達に考えさせてください。

・ハヤブサは、その一羽を見逃しませんでした。
ハヤブサは、その道をさえぎってパーンと一けりけりました。
ぱっと、白い羽毛があかつきの空に散りました。

※　語り手による実況中継は続きます。「パーンと」「ぱっと」は擬態語です。

「白い羽毛」「あかつきの空」白と赤のコントラストです。逃げ遅れたおとりのガンを襲うハヤブサの素早さ、激しさが、テンポよく鮮やかに語られます。

「パーンとける」「ぱっと〜　光って散る」などその叙述、描写を豊かにイメージ化します。

・もう一けりと、ハヤブサがこうげきのしせいをとったとき、大きなかげが空を横切りました。
残雪です。

※　体がななめにかたむいたおとりのガン。とどめをさそうとするハヤブサ。おとりのガン、絶体絶命のピンチです。その時、空を横切った大きなかげ。この物語のクライマックスです。

「残雪です。」

ここは一行で一段落です。（光村本）これだけで独立して書かれています。残雪の登場を文章面で形として表しています。残雪が頭上に現れたようにページの上方に書かれています。これも表記の工夫です。作家はこのような工夫もするのです。

残雪は、ハヤブサの突然の襲撃を受け、仲間のガンを素早く、そして巧みに導いて飛び去っていきました。その残雪が再び舞いもどってきたのです。逃げ遅れたおとりのガンを救うために、自らは一旦は安全な所に身を置いたにもかかわらず、天敵ハヤブサのいる所にもどってきたのです。舞い戻る、ある意味では愚かな行為かもしれません。

そして、ここはもう残雪の知恵ではありません。もう知恵では、どうにもならないのです。自らの身体を張った、知恵を超えた命がけの闘いなのです。仲間のガンを救うために自らの命をハヤブサとの闘いに投げ出したのです。まさに自己犠牲、献身です。真実とは、このことです。嘘、偽りのない人間の本来ありたいと願う姿です。忘己利他、一章二章の残雪から、さらにこの三章では残雪の頭領としての自己への厳しさ、仲間を思いやる徹底した深さを見せたのです。

・大造じいさんは、ぐっとじゅうを肩に当て、残雪をねらいました。が、なんと思ったか、再びじゅうを下ろしてしまいました。

※　おとりのガン、仲間のガンを救うために舞いもどった残雪。その残雪をねらう大造じいさん。しかしねらい定めたその銃を大造じいさんはおろしてしまいました。ここは、逆接の接続詞「が」で読んでいきます。この「が」を境にして前後が対比の関係になります。この「が」の前と後で反対の事は何なのか。まず大造じいさんの行為がどう違うのか。そして問題は、この「が」を前後して大造じいさんの気持ちもどうちがうのか。残雪をねらう大造じいさんとその銃をおろす大造じいさんのそれぞれの気持ちを問うています。三年以上も追い求めてきた残雪を撃ち落す絶好のチャンスに、大造じいさんはどうして銃を下ろしてしまったのかを問うていきます。しかし、その答えの決め手は、ここにはありません。この後の文章に出てくるのです。ここでは子どもたちに様々に考えさせ、意見を交流させればよいと思います。

・残雪の目には、人間もハヤブサもありませんでした。ただ救わねばならぬ仲間の姿があるだけでした。

※　人間（大造じいさん）もハヤブサも残雪の命をねらい、奪おうとするものです。二つの大敵が待ち受ける状況の中に残雪は飛び込んできたのです。自らを死地に追い込んだのです。

「救わねばならぬ仲間」　仲間はすくわねばならない。助けなくてはいけない。「ねばならぬ。」とは責任、義務です。頭領である残雪は、その責任、義務を気高く果たすのです。くり返しますが残雪にとってガンたちは、部下や手下ではなく仲間なのです。

この物語では五年生に仲間ということを考えさせてほしい。仲間とは何なのか。縦の関係でなく横の関係です。どうして仲間は救わねばならないのか。仲間がピンチになった時、どうして手をさしのべなければならないのか。どうして身体を張って助けなければならないのかと。それは協力、支え合い、連帯ということです。そして、どうして私たちは指示、命令ではなく、支え合い、連帯なのか、縦より横で手を結ぶ関係を、仲間を望むかということです。

国民が、天皇の臣民とされ「国家」のために多くの青年が戦場へ赴いたこの時代に、この一つの群れを集団を「仲間」ととらえることは、極めて積極的で重要だと考えます。戦後六十年以上を経るなか、「競争」が生き方の基本原理のようになり、再び「格差社会」などといわれるようになりました。この物語に含まれる人と人とは仲間なのだというとらえ方、この思想を私たちは引き継いでいかねばなりません。実践し実現していかねばなりません。

物語は道徳性を帯びる。しかし社会規範としてある組織や社会体制を維持するために学ばせる「道徳」とは質的に違うのです。文学に含まれる道徳は、人間や社会のより深いあり方を追求していきます。そして、時にはその時代の体制と衝突し突き破り、新しい時代を切り開いていくのだと思うのです。ここに文学や芸術の一つの価値があると考えます。

・いきなり敵にぶつかっていきました。そして、あの大きな羽で力いっぱい相手をなぐりつけました。~。が、ハヤブサもさるものです。さっと体勢を整えると、残雪のむな元に飛びこみました。

ぱっ

ぱっ

羽が、花弁のようにすんだ空に飛び散りました。そのまま、ハヤブサと残雪は、もつれ合って、ぬま地におちていきました。

※　残雪に鋭い嘴や爪はありません。体そのものをハヤブサにぶつけていくのです。大切な羽で相手をなぐるのです。「さるもの」とは、したたかで手強いということです。ハヤブサは、残雪の胸元、その急所をめ

がけて飛び込むのです。

「ぱっ　ぱっ」は擬態語です。残雪の羽の飛び散る様子を表します。縦に「ぱっ　ぱっ」と書いた場合と読み比べてください。

「羽が、白い花弁のようにすんだ空に飛び散りました。」これも情景です。大造じいさんの心の眼がとらえた景色です。「白い花弁のように」は比喩です。花弁とは花びらです。そしてこの情景、比喩がこの作品の中での極めて重要なポイントだと考えます。大造じいさんには、ハヤブサに飛び込まれて散った残雪の羽が、白い花びらのように見えたのです。ハヤブサの攻撃を受け傷つけられ飛び散るその羽が、白い花びらのように思えたのです。「白」とは純粋、清潔、無垢、まじりけのないことを表します。花びらとは、美しいということです。

ガンの群れを巧みに導いて飛び去った残雪が、仲間のガンを救うために再び舞い戻ってきた。そして天敵ハヤブサと戦う姿を大造じいさんの心の眼は、このようにとらえたのです。窮地に陥った仲間を救うために自分の体、全てを投げ出して、戦うこの残雪の姿が大造じいさんには、純粋で美しく見えたのです。自己犠牲、献身の美しさです。

ねらいをつけた銃を大造じいさんが下ろしてしまった理由が、ここにあるのです。残雪のこの行動が大造じいさんの心を大きく動かしたのです。仲間を救うために自らが傷つきながら、捨身で戦う残雪を大造じいさんは、もう撃つことはできなかったのです。

ここで大切なことは、行為、行動にも美醜があるということです。人を感動させてしまうような勇気ある行動がある。この場面、この表現で五年生に純粋で美しい行動、汚れのない行動というものがあるということを伝えてほしいのです。残雪は何年もの間、自分のことは後回しにし、仲間のことを先にして生きてきました。これからを生きていく五年生に、その生き方にも、きれい汚ないがあるということ。人のため、仲間のためにする献身、その美しさを是非とらえてほしいと思うのです。これからの生活、その道のりで子どもたちが道徳的善悪をより深めた純粋で美しい行為、行動、生き方を探し求めてほしいのです。

◉大造じいさんの残雪に対する思い、認識（⑦段落）

・大造じいさんはかけつけました。 〜 。

残雪は、むねのあたりをくれないにそめて、ぐったりとしていました。しかし、第二のおそろしい敵が近づいていたのを感じると残りの力をふりしぼって、ぐっと長い首を持ち上げました。そして、じいさんを正面からにらみつけました。

それは、鳥とはいえ、いかにも頭領らしい、堂々たる態度のようでありました。

※「くれない」とはあざやかな赤、真っ赤のことです。しかし、どうして「紅い」と書くのか、表現するのか。「真っ赤に染めて」とは、書かないのか。「紅い」と「真っ赤」ではどう違うのか。この赤は血の赤です。ハヤブサとの闘いで傷を負い、その傷口からながれた血が、残雪の胸を真っ赤に染めたのです。自らの体を投げ出し、仲間を守るという崇高な戦い、その結果なのです。「真っ赤」では、事実を語るに近い表現です。「紅い」というのは漢語的です。ハヤブサとの闘いで負った傷、流した血が高貴なものであることを表現します。残雪の仲間を守る闘い、その人格を格調高く、彩るものだと考えます。

「ぐったり」とは、疲れきり体の力が抜けた状態です。「第二のおそろしい敵」とは、大造じいさんです。残雪は残りの力をふりしぼって、大造じいさんをにらみつけました。ハヤブサはよろめきながら飛び去っていきました。しかし、残雪は胸に深手を負い、もう飛び立つこともできないのです。

・大造じいさんが手をのばしても、残雪は、もうじたばたさわぎませんでした。それは、最期の時を感じて、せめて頭領としてのいげんをきずつけまいと努力しているようでもありました。

大造じいさんは、強く心を打たれて、ただの鳥にたいしているような気がしませんでした。

※これが結果です。残雪の生き方の結果です。他を先にし、自分を後回しにする。自分を無にして仲間を守る。その結果、残雪はおそろしい敵、大造じいさんの手中におちたのです。

長い首を持ち上げ、大造じいさんを堂々と正面からにらみつける残雪。「最期」とは、死にぎわ、命の尽きる時です。「もうじたばたさわぎませんでした。」残雪は、自らが生きてきたその結果を潔く受け入れるのです。

私たちが日々過ごすこの世の中には、「最期」の時になっても部下の責任にしたり、部下を死に追いやって自分は逃げ切る「人間」を何度見聞きしてきたことか。それは、自分を優先にして生きてきた人間の醜い有様です。このような「人間」を克服し、新しい人間を生み育てていくことが求められているのです。

「強く心を打たれて、ただの鳥に対しているようなきがしませんでした。」一章の「たかが鳥のことだ」と比べ読みをします。残雪に対する大造じいさんの始めと終りの認識です。

大造じいさんは長年の闘いを通して、残雪の鋭い優れた知恵に驚かされてきました。そしてこの三章では、仲間のガンを救うために自己を投げ出し、捨てて、ハヤブサと闘う残雪の姿を目の当たりにしたのです。そしてさらにガンの頭領として、その「最期」を堂々とうけいれる残雪を正面にして、そこに鳥とは思えない素晴らしい「人格」を見出し、深く強く心を動かされたのです。自然の中に生きる「残雪」という鳥の中にこの俗世に生きる人間を遙かに越えた気高い「人格」を認めたのです。その生き方の深さ、厳しさ、美しさに感動したのです。

さあ大造じいさんは、この残雪をどうするのだろうか。

◆四章について

◉残雪のその後。大造じいさんの残雪にとった態度。

・残雪は大造じいさんのおりの中でひと冬をこしました。春になると、そのむねのきずも治り、体力も元のようになりました。～　。じいさんは、おりのふたをいっぱいに開けてやりました。

※　大造じいさんにつかまってしまった残雪は、その後どうなったのでしょうか。大造じいさんはとらえた残雪をどうしたのでしょうか。

「残雪は、大造じいさんのおりの中でひと冬をこしました。春になると体も元のようになりました。」残雪を手に入れた大造じいさんは、ハヤブサとの闘いで飛立つこともできなくなった残雪をおりに入れ、その傷を手当てしてあげていたのです。残雪の体力が回復するまで、ガンたちが北へ帰る春までおりに入れて、めんどうをみていたのです。

「じいさんは、おりのふたをいっぱいに開けてやりました。」「いっぱいに」ここに大造じいさんの残雪への思いがさらに読み取れるように思います。

◉残雪のイメージは、白。名前「残雪」の意味。

・残雪は、〜　。が

バシッ。

快い羽音一番、一直線に空へ飛び上がりました。

らんまんとさいたスモモの花が、その羽にふれて、雪のように清らかに、はらはらと散りました。

※「バシッ。」「快い羽音一番、一直線に空に飛び上がりました。」「バシッ。」「一直線に」やはりここにも残雪の実直、純心、力強さが表れているように思います。

さあ、しかし、大造じいさんは長年追い求めてきた残雪をどうして逃がしてしまうのでしょうか。残雪の傷を治し、体力を回復させ、どうして又、逃がしてしまうのでしょうか。残雪を処分すれば狩人としてお金も入るのに。残雪がいなければ次の冬には、さらにたくさんのガンがとれると思うのだけれども。その答えは四章の後半、最後に語られます。

「らんまんとさいたスモモの花が、その羽にふれて雪のように清らかに、はらはらと散りました。」ここでもスモモの花の様子を語りながら、大造じいさんの気持ちが表現されています。情景の文です。「その羽」とは、残雪の羽です。「左右のつばさに一か所ずつ真っ白な交じり毛をもっていた」その羽です。そして比喩「雪のように清らかに」の中に大造じいさんの残雪に対する思い、見方が集約されて表現されています。くり返される白。「真っ白なまじり毛」「白い花弁のように」そしてこの「雪のように」残雪のイメージは白です。そして「清らか」とは、けがれのないさま。清く美しいようす。澄みわたっていて、さわやかで美しいことです。

大造じいさんは、一直線に空へ飛び上がっていく残雪の姿を雪のように清らかだと見ているのです。そしてこの物語の一章から三章まで積み上げてきたイメージのまとめとして、残雪の生き方、仲間への献身、自己犠牲のその姿を雪のように清らかだととらえているのです。

清らかの反対は、何なのか。「清濁」という言葉があります。「人」のあり方、生き方にも清濁、正と邪、善と悪とがあるということを五年生にも考えさせたいところです。清く美しい生き方と濁って汚れた生き方もあるのだということを考えさせたいと思うのです。

四章は、二つにわけて授業します。その前半はこの物語のまとめとして、「残雪」の名前の意味に迫りたいと思います。ここにこの物語の一つのテーマ（意味）があると考えるのです。

「残雪」とは、「左右のつばさに一か所ずつ、真っ白な交じり毛をもっていたので、かりゅうどたちからそうよばれていたのでした。」そしてここでは、その羽にふれてスモモの花は、雪のように清らかに散ったのです。

「残雪」の「雪」は、ここでは「清らか」を意味します。雪～白、純白、純心ともとらえられます。清潔、美しさを表すのだと思うのです。残雪の清らかな生き方。身を挺して仲間を守る。仲間を守るために身命を捧げ尽くす。自分より他者。わが身を顧みることなく、自分の力を精一杯に仲間のために使う。献身。自己犠牲。その汚れのない生き方を表すのだと思うのです。ここに「残雪」の「雪」の意味があるのだと考えます。

しかし、そこにどうして、さらに「残」がつくのでしょうか。残雪の「残」の意味するものは、なんなのでしょうか。この作品は、この前のあの戦争のさなかに書かれたものです。

「戦争が烈しくなるにつれて、言論ばかりでなく、生活一切が国によって、統制され」「気にくわぬものには『非国民』というレッテルを貼りつけ」ついには「国民は貝のように口をつぐんでしまったのである。」「『金も名も命もいらぬ始末に困るばか者』そういう英雄が出てきてくれたらなあ。と、私は、その頃、自分自身のふがいなさを悲しむと同時に思うのであった。」（光村・指導書、作者の言葉より）

「残雪」　～残った雪、残った白、残った純心。汚れた世界にわずかに残った潔癖、純心、正義。「百人斬り」「千人斬り」が賞賛される暗黒の世界の中でひとり、命の大切さ、命を守ることのすばらしさ、そして、その厳しさを体現し、私たちに示してくれたのが、このがんの頭領「残雪」なのだと思うのです。暗黒の時代に願った希望・真実。一羽のガンにつけられたこの「残雪」という名に作家・椋鳩十はこのような意味・願いを込めたのだと考えます。

利己的行動が広がり、世の中をおおうなか大震災・原発災害の中、多くのボランティアの方が活動しています。小さな「利他」の行為を含め、自らの力、命を他者のために捧げる。他者に尽くす。人間性の深化。これが今もこれからも問われているのだと思うのです。文学教育の質の深まり、真価が問われているのです。

◉残雪はガンの英雄（大造じいさんの残雪についての認識）

・「おうい、ガンの英ゆうよ。おまえみたいなえらぶつを、おれは、ひきょうなやり方でやっつけたかあないぞ。なあ、おい。今年の冬も仲間を連れてぬま地にやってこいよ。そうして、おれたちは、また堂々と戦おうじゃないか。」

※　これが大造じいさんから残雪への最後の呼びかけです。「ガンの英雄」とは残雪のことです。この物語のテーマは、「英雄とは」だと考えます。英雄とは、才能や武勇に秀れていて、立派な事業をなしとげた人、ヒーローです。

この物語は、大造じいさんの視点から語られます。大造じいさんの会話はもちろんのこと、地の文にも大造じいさんの思い、考えが表れます。読者は、大造じいさんと一緒になって、対象人物である残雪を見つめ、認識していきます。

この物語には、大造じいさんが残雪を何と呼んでいたか。その呼称の変化があります。一章では「なかなかりこうなやつ」「あの残雪」、三章では「あの残雪め」そしてこの四章では「ガンの英雄」です。いまいましいや、敵愾心などから尊崇へと大造じいさんの残雪への気持ちの変化が読み取れます。大造じいさんの残雪についてのイメージ、印象が、「雪のように清らか」ならば、この「英雄」は大造じいさんの残雪に対する認識を表します。長い闘いの結果、大造じいさんがとらえた残雪についての本質的理解、残雪の真実です。

残雪はガンの英雄です。

一章 「仲間が、えをあさっている間もゆだんなく気を配っていて、りょうじゅうのとどく所まで決して人間を寄せつけませんでした。」
二章 「例によって、ぬま地のうちでも見通しのきく所をえさ場に選んでえをあさるのでした。」
三章 「ガンたちは、昨年じいさんが、小屋がけした所から、たまのとどくきょりの三倍もはなれている地点をえさ場にしているようでした。」

どの場面も「えさ場」です。食料を確保することです。これが野生に生きる動物の基本です。そしてその時が、自然界に生きる動物にとっては危険な時なのです。「見通しのきく所」「たまのとどくきょりの三倍もはなれた地点」、つまり安全を確保しながら食を得るのです。「仲間がえをあさっている間も」残雪は、「気を配っていて、りょうじゅうのとどく所まで決して人間を寄せつけませんでした。」安全な場所をえさ場にする。そして、残雪はさらに細心の注意を払うのです。

しかし、猟師たちはそんな残雪の仲間をさまざまに仕掛けを工夫して、捕えようとします。さらに、えをあさっている時を好機として、他の野生の動物たちも襲ってくるのです。

一章 「～いじょうなしとみとめると初めて飲みこんだらしいのです。これもあの残雪が仲間を指導してやったにちがいありません。」
二章 「残雪はゆだんなく地上を見下ろしながら、群れを率いてやってきました。『様子の変った所には、近づかぬがよいぞ。』かれの本能は、そう感じたらしいのです。ぐっと急角度に方向を変えると、その広いぬま地のずっと西側のはしに着陸しました。」
三章 「と、そのとき、ものすごい羽音とともに、ガンの群れがいちどにバタバタと飛び立ちました。」「ハヤブサだ。」「ガンの群れは、残雪に導かれて実にすばやい動作で、ハヤブサの目をくらましながら飛び去っていきます。」

常に先頭に立ってやってくる残雪。注意深くえさ場の状況をとらえ、大造じいさんの仕掛けを見抜き仲間のガンを守るのです。天敵ハヤブサの襲撃にも、素早い判断と適確な指導でガンたちを安全な所へと導き去っていくのでした。

　しかし、ここまででは残雪はまだ「英雄」とは言えない。どこで大造じいさんの残雪に対する見方が変ったのか、深まったのか。残雪は、どこで大造じいさんの中で「英雄」になったのか。

> 「あっ。」一羽、飛びおくれたのがいます。大造じいさんのおとりのガンです。もう一けりりとハヤブサがこうげきのしせいをとったとき、さっと大きなかげが、空を横切りました。
>
> 残雪です。

　新たな問題、決定的な問題の発生です。この状況、問題にどう対処するのか。頭領としてのさらなる資質が問われるのです。一羽位、いいではないか。大造じいさんが仲間をとらえるためにつかったおとりのガンなどいいではないか。しかし残雪は、飛び遅れた一羽のガンをも視野に入れていたのです。残雪はこの状況も見逃さなかったのです。おとりのガンも仲間なのです。自らも一たんは危険な状況から逃れたのに、天敵ハヤブサの前に姿を表したのです。一羽の逃げ遅れたガンを救うために敢然と残雪は、舞い戻ってきたのです。仲間を敵からの守りに使うなどではなく、逆に窮地に陥った仲間のために自分を捧げるのです。

　これが「英雄」です。ここから残雪の英雄的な闘いが始まります。大造じいさんは、ねらいを定めた銃を再び下ろしてしまいました。もうこの残雪を撃つことはできなかったのです。

> 「残雪の目には人間もハヤブサもありませんでした。ただ救わねばならぬ仲間のすがたがあるだけでした。
>
> 「いきなり、敵にぶつかっていきました。そして、あの大きな羽で力いっぱい相手をなぐりつけました。」
>
> 「ハヤブサもさるものです。～残雪のむな元に飛びこみました。

ぱっぱっ
羽が白い花弁のようにすんだ空に飛び散りました。」
「二羽の鳥は、なおも地上ではげしく戦っていました。」
「残雪は、むねの辺りをくれないにそめて、ぐったりとしていました。」

仲間を救う、ただそれだけです。鋭い爪など持たない残雪は、体丸ごと、ハヤブサにぶっつけていくのです。「白い花弁」、漢語的表現です。残雪の英雄的な闘いを彩ります。「むねの辺りをくれないにそめて、ぐったりとしていました。」「くれない」これも漢語的な表現です。まさに献身、自己犠牲の姿、その尊さです。残雪は、逃げ遅れたおとりのガンをハヤブサから救い、自らは深く傷つき捕まり、囚われてしまったのです。

これが、この物語における「英雄」です。自分より仲間。仲間の生命を救うためには、自分の身体、生命は顧みない。献身。自己犠牲。そして、囚われても毅然とした態度。その潔さ。

大造じいさんの言う「英雄」とは。大造じいさんに残雪のことを「ガンの英雄よ。」とよばせた作者・椋鳩十の思い、考えは。「英雄」というもののとらえ方がここでは違うのです。それを転換させる、深めるのです。世界史などにおける、そして、この作品が書かれた時代のことを含めて、例えば他国と争い、その領土とそこに生きる人々を掠奪し、「大帝国」を築いた人物などをここでは英雄などと言わないのです。現代で言えば他者と競争し、勝者となった者、組織や社会の頂上に登りつめた人物などではないのです。そんな人物などにあこがれなど持ってはならないのです。

その時代の政治や経済の課題の底には、人間的な課題がある。文学は真実を探求する。真実とは、人のよりよい、より深いあり方です。私たちは文学教育を通して、人の見方、人間観を深めていくのです。そしてそれが、子どもたちの人生観の基礎を培っていくのだと考えます。理想としての残雪。残雪への憧れ。文学は無用、無力ではない。人間性を深める。人間や社会への理想を育む。そしてそれを通して社会の有様をより確かなものに深めていくのです。

くり返し、今、人々は厳しい競争社会に生きています。その中で「勝者」になる者もいます。しかし多くの人々が、若者が、その競争から脱落し、傷つき、将来への展望を描けないでいます。弱者への暖かい眼、仲間への熱い心。たった一人でも困った人、窮地に陥った人がいたら、手を差し伸べる。みんなで幸せになっていく。そんな志を持った人々、社会が醸成されることを望むのです。子どもたちが、冷たい心の『勝者』になることなど望みません。

◉大造じいさんと残雪の最後の関係（おれたち）

・〜。　なあ、おい。今年の冬も、仲間を連れてぬま地にやってこいよ。そうして、おれたちは、また堂々と戦おうじゃないか。

※　なぜ大造じいさんは、「今年の冬も仲間を連れてぬま地にやってこいよ。」と残雪に呼びかけるのか。くり返しになりますが、この物語はガンの仲間をめぐっての大造じいさんと残雪との闘いなのです。猟師としてガンを獲ろうとする大造じいさんとその罠を見破り、仲間を守ろうとする残雪との知恵比べなのです。決して大造じいさんと残雪との一対一の勝負ではないのです。仲間を守る。すべてを尽くして生命を守る。そこにこの物語のテーマがあるのです。

「この、残雪がくるようになってから、一羽のガンも手に入れることが、できなくなったので、いまいましく思っていました。」これが大造じいさんの残雪への闘いの出発点なのです。そしてまた、大造じいさんは、来年もガンの仲間をめぐって「また堂々と戦おうじゃないか。」と北へ飛び去っていく残雪に呼びかけるのです。

そして、最後にもう一つ、大造じいさんが北へ飛び去っていく残雪に向って呼びかけた「おれたち」という言葉です。やはり、この呼び方、呼称の中にもわたしたちが大切にすべき見方が、含まれていると考えるのです。

いったいこの「おれたち」とは、だれなのか。それはあたり前のことですが、大造じいさんと残雪です。この物語において大造じいさんと残雪は、ガンの仲間をめぐって「ライバル」として争ってきました。そして、次の冬も互いに「好敵手」として闘うのです。それが、「おれたち」という言葉に表現されているのだと思います。

しかし、さらに考えると大造じいさんは何で、残雪は何なのでしょうか。これもあたり前ですが大造じいさんは人間であり、残雪はガンであり、鳥です。その人間である大造じいさんと鳥である残雪をこの物語の終りで、どうして大造じいさんは「おれたち」などと言うのでしょうか。この呼称の中にさらに大造じいさんの残雪に対するどんな見方が含まれているのでしょうか。それは一言で言えば、大造じいさんは、この物語の終りで残雪を対等・同等の存在と見ているのです。人間も鳥も、鳥も人間も上下・優劣などない、同じ存在と見ているのだと思うのです。それが「おれたち」という呼称にさらに表現されているのだととらえたいのです。

大造じいさんと残雪は、一般的に言われているようなライバルと言ってよいと思います。ライバルとしての「おれたち」ととらえて、よいと思います。しかし、大造じいさんはガンをとろうとする闘いで残雪に負け続けました。大造じいさんの仕掛は、みな残雪に見破られてしまったのです。知恵比べで残雪に負けたのです。残雪は、その才知で仲間のガンたちを大造じいさんのさまざまな罠から守ったのです。そしてさらには、大造じいさんはその闘いの中で身を賭して仲間を守る残雪の姿を見たのです。その行動・心（姿勢）・精神に感動させられてしまったのです。その闘いの中で仲間を守ろうとする、守り切った残雪の中に「たかが鳥のことだ」などとは決して言えない「人格」「人間性」とでも言えるような高貴な気高い精神を発見したのです。残雪、ガン、鳥は、決して人間より低い存在などではない。大造じいさんは、残雪と長い間、互いにライバルとして闘いをくり返しながら、知恵比べをしながら、残雪に対して、鳥に対して、このような認識をもつにいたったのです。

私は、最後に子どもたちに問いかけます。「君たちは、大造じいさんの残雪に対するこのようなとらえ方、見方をどう思いますか。残雪を、鳥を、人間と対等の存在ととらえるこの見方をどう考えますか。」と。この作品で「英雄とは」が、人間認識を問い、まとめる発問であるならば、この問いは、自然認識に迫る問いだと思うのです。

そして私は、この残雪・鳥を人間と優劣・上下のない同じ存在ととらえる大造じいさんの見方を大切なものと考えます。少し飛躍があるとは思うのですがここの考え方をさらに敷衍してはどうかと考えるのです。

今、温暖化が騒がれ中でも、人は自然を破壊し続けています。利己的・経済的欲望のもと、自然を限りなく壊し続けています。「明日のエコでは間に合わない。」などと言いながら自然破壊への批判はほとんどありません。しかし、人間が日々破壊している森・川・海、そして身近な自然の中にも無数の生物が生きているのです。自然とそこに生活する生き物の中にも欠けがえのない生活・生命があるのです。自然の生き物の中にも自らを犠牲にしてでも仲間を守るという崇高な精神が流れているのです。

金子みすずは、詩「大漁」で「～はまは祭りのようだけど、海のなかでは何万のいわしのとむらいするだろう。」となげき悲しみました。宮沢賢治は、「世界ぜんたいが幸福にならないうちは、個人の幸福はありえない。」と主張しました。「世界ぜんたい」とは、人間だけではないのです。人間も、動物も、植物も……鉱物までも含まれるのです。人間がかってにしていいものなどないのです。

私は、この物語『大造じいさんとガン』を含め椋鳩十の一連の作品を自然とそこに生活するあらゆる生き物に対しての貴重な認識をあたえるものとしてさらに位置づけ、子どもたちと取り組んでいけたらと思うのです。

❷ 表現の特徴について

◆視点について

・視点とは、その作品がだれの目から描かれているか、ということです。
・この作品の主な登場人物は大造じいさんと残雪です。
・この作品では、語り手が大造じいさんの側から語る。語り手が大造じいさんに寄り添い重なりながら、物語を進めていきます。

● 昨晩、つりばりをしかけておいた辺りに何かバタバタしているものが見えました。

・ぬま地にやってくるガンのすがたが、かなたの空に黒く点々と見えだしました。
・残雪は、いつものように群れの先頭に立って、美しい朝の空を真一文字に横切ってきました。
・それは、鳥とはいえ、いかにも頭領らしい堂々たる態度のようでありました。

これはすべての地の文です。語り手が語るその言葉が、大造じいさんの見た様子、その思いと重なっています。大造じいさんの視点、視角から語られていますので、大造じいさんがとらえた残雪の様子、それに対する思いなどが、地の文に表れるのです。それを読者である子どもたちが読みとっていくことになるのです。

はじめに読みの観点、構えをはっきりとさせる。視点を通す読みとは、作者が誰の視点からその作品を描いているかを明らかにし、その視点に沿って読むということです。首尾一貫した読みには、欠かせません。

くり返し、この作品では、視点人物（見る側）が大造じいさん、対象人物（見られる側）が残雪です。その結果、見る側の大造じいさんの気持ちは、地の文に表れ、よくわかる。見られる側の残雪の気持ちはわからない。推測するしかない。見られている残雪の様子は、大造じいさんの目を通して描写され、よくわかる。見ている大造じいさんの様子は、わからないという関係が成立します。

この作品は、大造じいさんの目と心がとらえた残雪のイメージが、しだいに豊かになっていく構成になっています。読者は、大造じいさんを通して残雪の行動をとらえ、そこに意味、価値を発見していくのです。

◆漢語調

この作品の特徴は、漢語が多用されていることです。漢語とは、昔、中国から伝わったことばで、音で読みます。訓読みする和語に比べて、読み手に固い感じを与えます。

頭領、戦とう、花弁、最期、威厳、爛漫などです。

例えば「頭領」です。親分、リーダーなどと比べて、確かな見識、指導力、威厳を感じさせます。

これらの漢語は、この作品全体の基調を形成し、厳しく格調高い独特な味わいをかもし出しています。特にこの作品では、大造じいさんや残雪の人物像を形づくる重要な役割を果しています。これらの漢語が両者の多少古風で力強く、そして気高く、威厳を感じさせる人物像を刻み上げているのです。

◆色彩語

この物語は色彩を表すことばも多くでてきます。一章、真っ白な交じり毛。二章、あかつきの光、黒く点々と。三章、青くすんだ空、真っ赤に燃えて、白い羽毛、白い花弁、くれないにそめて。四章、雪のように清らか。

これらの色彩語は、赤、青、白、黒とすべて原色で澄んだ色です。これらは、大造じいさんの人物像、大造じいさんから見た残雪のイメージ、作品全体に描かれている世界像と密接に関係しています。

この物語のクライマックスの場面です。

「白い羽毛があかつきの空に光って散りました。」

ハヤブサのおとりのガンへの攻撃です。赤い空に飛び散る白い羽。赤と白の鮮やかなコントラスト。この赤は、何か血の色、闘いの恐さ、凄さを感じさせます。

「羽が白い花弁のように、すんだ空に飛び散りました。」

ハヤブサの残雪への攻撃です。青い空に白い羽毛と、澄んださわやかなイメージがします。この青は、逆におとりのガンを救うために闘う残雪の爽やかさ、清らかさを感じさせます。残雪とハヤブサとの戦いを残酷なものとしてではなく、清く潔いものとする作者の色彩による表現の工夫です。

おとりのガンを襲うハヤブサの闘いは赤と白。ハヤブサからおとりのガンを救うための残雪の闘いは、青と白。この二つの闘い、この色彩の使い分けが見事です。大造じいさんや残雪の行動は、情熱的で鮮烈、潔く、汚れなどなく真っ直で明確です。そこに濁った色など入らないのです。

そして最後に主人公、残雪を彩ることばです。

真っ白な交じり毛、白い花弁のように、すんだ空、雪のように清らか、です。これが残雪のイメージ、残雪の行動、生きる姿を形容する色彩です。主人公残雪は、真っ白で、白い花びらのように美しく雪のように清らかなのです。

「残雪は、むねの辺りをくれないにそめて、ぐったりとしていました。」

飛びおくれたおとりのガンを命がけで救った残雪。そのハヤブサとの闘いで、残雪は、胸に深い傷を負い、もう飛び立つこともできなくなってしまいました。紅(くれない)とは真っ赤です。白、青が残雪の清らかさを表すのなら、このくれないは残雪の、その生き方の気高さ、崇高さを表すものと考えます。

この物語の彩りは、赤、青、白、黒などの純色です。これらの色彩が、燃えるように激しく強く、しかも裏のないどこまでも澄んだ高貴な人物像、世界を創り出しているのです。

◆情景描写と比喩

情景とは、ある人物の心がとらえた様子、景色です。描写とは、物事の様子や感じ、人物の感情などをまるで目に見えるように感じられるように文章に描くことです。

例えば、以前の平成十二年度版の教科書（光村）では、単元目標が「情景を思いうかべて」でした。この情景を物語の展開に沿って、読みとっていくことで作品の内容、テーマに迫っていくのでした。

この作品の情景は、基本的に大造じいさんの心がとらえた様子、景色です。逆に言うと、この物語での情景は、大造じいさんの心情を表します。それは、視点との関係からです。この物語では、語り手が大造じいさんの側から、さらに大造じいさんと一体になって物語っているからです。

そして、この作品での情景描写は大きく二つになります。一つは、大造じいさんの心そのものを写す情景描写です。

様子、景色を描いて、大造じいさんの心を表現しているのです。

・秋の日が、美しくかがやいていました。

・あかつきの光が、小屋の中にすがすがしく流れこんできました。

・大造じいさんは、青くすんだ空を見上げながら、にっこりとしました。

・東の空が、真っ赤に燃えて朝が来ました。

これらは、残雪との闘いを前にした大造じいさんの心情を表しています。「すがすがしく」『青くすんだ空』これらは、今年こそはと、準備を十分に整え、残雪たちを迎え撃つ大造じいさんの自信を表します。さらに「あかつきの空」「東の空が、真っ赤に燃えて」などは、何度も残雪のためにしてやられてきた大造じいさんが、今年こそは残雪の仲間を絶対にとらえてやる、という猟師としての熱く燃える心を表しているのです。

そして、もう一つが、大造じいさんの目を通した残雪の描写です。大造じいさんの目と心がとらえた残雪の様子でうす。

・残雪は、いつものように群れの先頭に立って、美しい朝の空を真一文字に横切ってやってきました。
・ぱっと白い羽毛があかつきの空に光って散りました。
・羽が、白い花弁のようにすんだ空に飛び散りました。
・残雪は、むねの辺りをくれないにそめて、ぐったりとしていました。
・らんまんとさいたスモモの花が、その羽にふれて、雪のように清らかにはらはらと散りました。

これら大造じいさんの目を通した残雪の描写は、三章以降に出てきます。大造じいさんは、一貫して仲間を守る残雪の姿に心を突き動かされ、その感動がしだいにふくらみ、三章の後半でそれが頂点に達したのです。それが描写という表現となって詳しく書き出されたのです。大造じいさんがハヤブサと闘う残雪の様子を真剣に感動をもって見ていることがわかります。

そして、この描写はさらに大造じいさんの残雪に対する認識をも表しています。「白い花弁のように」「くれないに」「雪のように清らかに」これらが大造じいさんの心に映じた残雪の様子、姿なのです。大造じいさんは、残雪との長い闘いの結果、残雪のその姿、行動、生き方を、くり返しになりますが、白い花びらのように美しく崇高で、雪のように清らかだと、とらえるに至ったのです。

そしてさらに、この描写の中に含まれているのが比喩です。「白い花弁のように」と「雪のように清らかに」です。これらは、直喩です。比喩とは、ある物を別の物で喩えることです。たとえるものと、たとえられるもの。比喩は、ある人物の事象に対するとらえ、認識を表します。

おとりのガンを救うためにハヤブサと闘う残雪。ハヤブサの攻撃を受け飛び散る残雪の羽が、大造じいさんの心には白い花びらのように美しく見えたのです。ハヤブサとの闘いで負った傷も癒え、北へと飛び去っていく残雪。その羽にふれて散るスモモの花が大造じいさんの心の眼には、雪のように清らかに映ったのです。

子どもたちに問います。今、この場面で白い花びらは飛び散っていますか。飛び散っているのは何ですか。大造じいさんには、何が何に見えたのですか。どうして残雪の飛び散る羽が、大造じいさんには白い花びらのように見えたのでしょうか。

「羽が白い花弁のようにすんだ空に飛び散りました。」この一文の中には、これまで述べてきた色彩語、描写、比喩などの表現技法が含まれています。今回の二三年度版の教科書（光村）での単元目標は、「表現の巧みさを味わいながら～」とあります。授業では、ただしたこと、言ったことなどを確認するのではなく、このようないくつかの表現技法に焦点化し、扱いながら、読みを深めていってほしいと思います。そのためには、教材分析をしっかりとして授業に臨む必要があります。教材分析は「問い」を生み出します。教材研究なしで子どもたちの前に立つことなど、絶対してはなりません。それは、一日一時間、伸びようと学習に臨む子どもたちに対する裏切り行為だと自覚すべきです。

◆現在形の文末

物語の文末は、普通、過去形で語られます。この『大造じいさんとガン』という話も語り手である「わたし」が、大造じいさんから聞いた話を土台として、物語っていくという設定になっています。つまり、以前に起こった出来事を語り手が読者に語って聞かせるということで、自然に文末は過去形になるのです。しかし、ほとんどの物語でその中に現在形の文末が入ってくることがあります。わたしは、そこに目をつけて、児童に発問することがよくあります。

・気をつけて見ると、つりばりの糸が、みなぴいんと引きのばされています。

過去形「引きのばされていました。」と比べて、どう違うのか。どうしてこの文末は、「引きのばされています。」となるのか。この現在形の文末は、大造じいさんの残雪の知恵についての驚きを表します。「ウナギつりばりの仕掛」をするどく見破った残雪に対する大造じいさんの感心、感嘆を表しています。

・その群れは、ぐんぐんやってきます。

だれが、こう思っているのか。過去形「やってきました。」と、どう違うのか。どんな感じを受けるか。どうして「やってきます。」と言うのか。これは、小屋の中にもぐりこみ、銃を手に、今年こそはと、残雪たちの群れを待つ大造じいさんの緊張感を表しているのです。

一、二章では、基本的にはこの一ヵ所ずつです。しかし、三章の後半、ハヤブサの襲撃の場面では、現在形の文末が多く出てきます。

・ガンの群れは、残雪に導かれて、実にすばやい動作でハヤブサの目をくらましながら、飛び去っていきます。

・「あっ。」一羽、飛びおくれたのがいます。

・大造じいさんのおとりのガンです。

やはり、ここも大造じいさんの目を通した残雪やおとりのガンの様子です。この現在形の文末は、大造じいさんが眼前で目にした残雪のすばやい行動への感心、飛びおくれたガンがいたこと、それがおとりのガンであったことへの驚きや緊張感を表しています。そしてさらに、この現在形の文末が、この場面にスピード感を与え、そこから逆にこの場面を緊迫したものにしているのです。

そして、現在形の文末でぜひ扱ってほしいのが、「残雪です。」の一行です。ここはまず、この一行で一段落を構成していることをとらえます。この文は、どうして「大きなかげが空を横切りました。」の後に続かないのか。どうして、この一行だけで独立して表記するのか。子どもたちに問うてください。そして、最後に「残雪です。」と「残雪でした。」では、比べてどう違うのか。どうして、ここも「残雪です。」と現在形になるのか。だれが、「残雪です。」と言っているのか。どうして、「残雪でした。」とは言わないのか。残雪は、ハヤブサの急襲を受け、ガンの群れを率いてすばやく飛び去っていきました。その残雪が、おとりのガンを救うために再び舞い戻ってきたのです。この思いがけない事件の展開に、大造じいさんは意表をつかれ驚き、その思いが、この現在形の文末となって表れ出たのです。そして、ここから大造じいさんの残雪への認識は決定的に変化し、深まっていくのです。

物語文の中での現在形は、過去形で語る文章の流れの中に変化を与えます。過去形だけが続いたのでは、読者はあきて退屈してしまいます。そして現在形で語ることで、目の前でその事象が起こっているような臨場感、リアルさを生み出します。さらに現在形で表記した文章の内容を強調したり、さらには語り手や登場人物の驚きや緊張感を表したりするのです。物語の中に、現在形の文末が出てきたら、その役割、効果を分析し、ぜひ子どもたちに問い、その内容を読み深めてほしいと思います。

◆呼称の変化

物語文での呼称とは、ある人物が他の人物をどのように名付けたり、呼んだりしているかです。この作品では大造じいさんが一羽のガンである残雪をどのように呼んでいるかです。そして、その呼び方が物語の展開の中で変わっていくことを〈呼称の変化〉と言います。

「一つの物語の〈はじめ〉〈つづき〉〈おわり〉という筋の展開の中で人物の呼称が変わっていくことがあります。それは、その人物のイメージが移り動いていくこと、その人物をそのように呼んでいる方の人物の気持ちや両方の人間関係が、変わっていくことを表しているのです。」「相手をどういうふうに認識して、それがどういうふうに変化していくかが、呼称の変化として表現のうえに表れてくるのです。」（西郷竹彦文芸学辞典より）

このことを私は西郷先生から学びました。そして、〈呼称の変化〉の典型的な作品として、この『大造じいさんとガン』があるのです。呼称を目安にして読んでいく、その変化をとらえ、その意味を考えていく。そのことで物語の展開が見えてくる。テーマが浮かび上がってくるというのです。

以下が大造じいさんの残雪に対する呼称です。

一章……残雪（左右のつばさに一ヵ所ずつ真っ白な交じり毛を持っていたので、狩人たちからそうよばれていた。これはまず始めの形態的特徴からの名付けです。しかしこの呼称に深いいみがあったのです。）

・あの残雪が指導してやったに違いありません。

二章……残雪のためにしてやられてしまいました。

三章……あの残雪めにひとあわふかせてやるぞ。

四章……ガンの英雄よ。おまえみたいなえらぶつ。

・あの残雪が（一章）→ 残雪のために（二章）→ あの残雪めに（三章）→ ガンの英雄よ、おまえみたいなえらぶつ（四章）

一章、二章、三章は憎しみのくりかえし、その増加です。「あの」とは、自分も相手も知っているもの、ここでは、語り手も読者も知っている事柄を「例の」という意味で示します。そして、ここでの「例の」とは、何度も大造じいさんの仕掛を見破ってきた残雪。そのためにガンが一羽もとれなくなってしまった、猟師にとっていまいましい存在の残雪です。そしてさらに「め」とは、ことばの下について、人をののしる時に使うことばです。「奴」（やつ）という意味で、軽蔑の気持ちを表します。

それが四章では「ガンの英雄よ」「おまえみたいなえらぶつ」に変化します。「英雄」とは、優れた指導力と洞察力を持ち、大事業を為し遂げた人です。「えらぶつ」とは、秀れた人、見識のある人、「豪の者」「偉物」です。「あの残雪め」から「ガンの英雄よ。」この変化を起こしたのは何なのか。大造じいさんの心の中でいったい何が起こったのか。

　常に気を配っていて、人間を寄せ付けない残雪。大造じいさんの罠を見破り、仲間のガンを守る残雪。猟師の中の猟師として、大造じいさんはその誇りをくり返し傷つけられてきたのです。しかし、残雪は大造じいさんの前でそれ以上の姿を見せるのです。

　ハヤブサの襲撃を受けたガンたちは、残雪に導かれて、すばやくその場を飛び去って行きました。しかし、一羽おとりのガンは逃げ遅れてしまったのです。「残雪です。」残雪は、自らもいったんは安全な場所に身を置いたにもかかわらず、逃げ遅れた仲間を救うために舞い戻ってきたのです。仲間を救うために天敵ハヤブサの前に自らの身体を投げ出したのです。そして、全身でハヤブサに闘いをいどんだのです。そして、その結果、深く傷つき、もう飛び立つこともできなくなってしまったのです。この残雪の姿を前にして、大造じいさんの残雪に対する思い、認識は、憎しみから敬意、賞賛へと決定的に変化したのです。大造じいさんの心の中で「ガンの英雄」となったのです。

　呼称「残雪」を問う。「残雪」とは左右のつばさに一か所ずつ真っ白な交り毛をもっていた、その外見的特徴から名付けられました。しかし、この物語の展開を通して見えてきたことは、残雪の「雪」は、雪のように清らかを意味するということです。忘己利他、献身、自己犠牲。しかし、この雪のように清らかな人格は、決して多くはない、わずかなのです。ただ一人残った雪のように清らかな存在、人格、それが「残雪」なのです。そして、これは、一九四一年当時、戦争の最《さ》中《なか》、こんな「えらぶつ」が居てくれたらなあという作者、椋鳩十の思い、願い、嘆息だったのです。この物語を読み進めていくなかで、この「残雪」という呼称を外見的特徴を表すものから、その人間性、人格を意味するものへと読み深めてほしいと思います。

　そして、昭和十六年の戦争のさなかと同様に、今のこの世も私欲、我欲がぶつかり合う濁世です。やはり私心を捨てた利他の存在、こんな「えらぶつ」が居たらと思うのです。そしてさらにこんな「残雪」のような人がいっぱいになって、全面真っ白な雪のように清らかな美しい世界が広がっていったらと思うのです。くり返し、ここに文学教育の価値があるのです。

❸ 前文の役割について

前文は、この物語の舞台設定と大造じいさんの紹介です。時は、今から三十五、六年前。場所は栗野岳のふもと。まだ、ガンがさかんに来たころの話です。

登場人物は、大造じいさん。七十二歳だというのにこしひとつ曲っていない元気な老狩人。血管のふくれたがんじょうな手をいろりのたき火にかざしながら、それからそれへと愉快なかりの話をしてくれるのです。狩人とは、野生の動物を捕らえて生計を立てている人です。狩りをすることが遊びや趣味ではないのです。このことをしっかりおさえておかないと、「この残雪が来るようになってから、一羽のガンも手に入れることができなくなったので、いまいましく思っていました。」という大造じいさんの気持ちの読みが浅いものになってしまいます。大造じいさんのする愉快な話とは、どんな話なのでしょうか。どんな動物をうまく捕えたり、また失敗した話なのでしょうか。七十二歳、腰ひとつ曲っていない、老狩人、話し上手、血管のふくれたがんじょうな手などの意味をとらえ、イメージをふくらませながら、大造じいさんの武骨でたくましい人物像をつかんでいきます。

そして、ここで何よりも重要なのが「イノシシがりの人々は、みな栗野岳のふもとの大造じいさんの家に集まりました。」という表現です。「イノシシガリの人々」とは、趣味でイノシシを狩る人たちかもしれません。地元の猟師たちなのかもしれません。

しかし、これらの人たちは、みな狩りをする前に大造じいさんの家に集まるのです。それは、きっとイノシシ狩りに山に入る前に大造じいさんから、この頃のイノシシや動物たち、山の様子などの情報を聞くのだと思うのです。猟師たちは、その情報に信頼を寄せているのだと思うのです。そして猟が終わった後には、大造じいさんにその日の狩りについて報告するのかもしれません。つまり、大造じいさんは猟師の中でも古参の猟師、猟師の中でも十分な経験と技量をもった猟師なのです。人望も厚いのです。

しかし、教科書の中にはこの前文がないものがあります。前文がないとどうなるのか。まず大造じいさんの人物像がほとんど語られない。読者は、大造じいさんの人物像をほとんどつかまないまま本文に入っていくことになります。

この物語の題名は「大造じいさんとガン」です。くり返し大造じいさんは、ベテランで経験豊かであり、猟師として確かな技量をもっている。狩人の中の狩人ととらえてよいと思うのです。その大造じいさんと残雪の闘いなのです。前文がないと大造じいさんがどんな狩人なのかわからない。一章〜三章まで残雪にやられっぱなしの、失敗ばかりしている猟師、ガンや野生の動物についての知識や狩りの技量も不確かな猟師ととらえてもおかしくないのです。その結果、残雪のイメージも弱くなってしまう。残雪の仲間を守る知恵・能力も高いものとは、とらえなくなってしまう。つまり、前文をおさえることによって、だれもが認める狩人・大造じいさんの罠を次々と見破っていく残雪のすごさがとらえられ、強調されていくのです。

この物語は、狩人の中の狩人としての大造じいさんとガンの頭領、残雪との闘いとして読んでいく。そのためには、どうしても前文が必要です。教科書に前文がない場合は、プリントして一時間扱ったほうがよいと考えます。

二、主題について

この物語の主題は、「英雄とは」である。この作品での英雄とは、自らの生命を犠牲にしても仲間の生命を守る人物である。

この作品の視点人物は、大造じいさんです。語り手は、大造じいさんの方から大造じいさんになって物語っていく。読者は、大造じいさんの目と心と一緒になって、残雪を見つめ、イメージし、認識していく。この物語は、大造じいさんがとらえた残雪の人物像がテーマです。

この作品では、一貫して残雪が仲間を守る姿が語られます。一、二、三章の冒頭の残雪の姿です。

「仲間が、えをあさっている間もゆだんなく気を配っていて、りょうじゅうのとどく所まで、決して人間を寄せつけませんでした。」

「例によって、ぬま地のうちでも、見通しのきく所をえさ場に選んで、えをあさるのでした。」

「ガンたちは、～、たまのとどくきょりの三倍もはなれた地点をえさ場にしているようでした。」

さらに一、二章では大造じいさんの仕掛を見破る残雪、三章では、ハヤブサの襲撃から仲間を守り導く、残雪が語られます。

「ガンは～、いじょうなしとみとめると初めて飲み込んだらしいのです。これも、あの残雪がなかまを指導してやったにちがいありません。」

「『様子の変ったところには、近づかぬがよいぞ。』～。ぐっと急角度に方向を変えると、その広いぬま地のずっと西側のはしに着陸しました。　～。またしても残雪のためにしてやられてしまいました。」

「『ハヤブサだ。』がんの群れは、残雪に導かれて、実にすばやい動作でハヤブサの目をくらましながらとび去っていきます。」

この作品は、残雪が仲間を守る、そのくり返しです。くり返し、反復は、強調です。くり返し語るから強調されるのです。言いたいこと、伝えたいことであるから、繰り返し言うのです。書くのです。この反復が、この作品全体の表現方法であり、くり返し、反復に目をつけることで、この作品のテーマが見えてくるのです。

しかし、この反復は単純な反復ではありません。その過程に発展がある。その過程で深化が生まれるのです。

「あっ。一羽、飛びおくれたのがいます。～。ハヤブサは、その一羽を見のがしませんでした。」

おとりのガンの、仲間のガンの絶対絶命のピンチです。ここで頭領としての、残雪の真価が問われるのです。

「残雪です。～。残雪の目には、人間もハヤブサもありませんでした。ただ救わねばならぬ仲間のすがたがあるだけでした。いきなり敵にぶつかっていきました。」

ここに残雪の深まりがあります。決定的な時における人間性の現われです。それは、他者への献身、自己犠牲です。人物の真価はその決定的な時に試される。本質は顕現するのです。

結果、「残雪は、むねの辺りをくれないにそめてぐったりとしていました。」

これが、この物語での英雄の姿なのです。

作者の言葉「大造じいさんとガンの頃」です。（光村指導書より）

「昭和十六年頃は、戦いが烈しくなるにつれて、言論ばかりでなく、生活一切が国によって統制される傾向が強くなるのであった。〜。国民は貝のように口をつぐんでしまったである。私自身もそうであった。しかしまた、自分自身の意気地なさに、しみじみ嫌気が差しさえするのであった。『金も、名も、命もいらぬ始末に困る馬鹿者』そういう庶民の英雄になれたらなあ。そういう英雄が出てきたらなあ。と、私はその頃、自分自身のふがいなさを悲しむと同時に思うのであった。そういう心が、残雪というガンの英雄を生み出したのであった。」

〝国民が貝のように口をつぐんだしまった〟暗黒の時代。その中で抱いたわずかな希望、願い。〝金も名も生命もいらぬ始末に困る馬鹿者〟仲間への献身、自己犠牲。〝庶民の英雄〟それが残雪なのです。

さらに作者の言葉です。

「昭和十三年から終戦まで、私の物語のテーマは生きることの喜び、美しさであった。そして、その命の背後にある愛であった。戦争は死を賛美しなければ成立しない。戦地で命を失った若者は、名誉の戦死であった。百人斬り、千人斬りは、国民的英雄であった。子どもを持つ私は、胸が痛くてたまらなかった。この胸の痛みが、動物を通して語る生きる喜びであり、命の美しさであったのである。」

「ぱっぱっ。羽が白い花弁のように飛び散りました。」

「らんまんとさいたすももの花が、その羽にふれて雪のように清らかにはらはらと散りました。」

残雪の生きる姿を飾る描写です。人のために生きる命の美しさです。残雪の飛び散る羽は、真っ白です。生きるとは他者への献身。世俗的欲望とは無縁です。それを〝美〟として、美しい姿として描かれているのです。

三、指導計画と学習過程（全十九時間）

◆『大造じいさんとガン』の指導計画（全十九時間）

◉前文（一時間）この物語の舞台設定。大造じいさんの紹介

○一章（四時間）

1〜①　残雪の紹介

1〜②　今年こそはと、特別な方法にとりかかる大造じいさん。（ウナギつりばり作戦）

1〜③　よく日、一羽のガンを手に入れ、うれしく思う大造じいさん。

1～④　残雪の指導に感嘆の声をもらす大造じいさん。（一章の結果と大造じいさんの残雪に対する思い）

〇二章（四時間）

2～①　タニシをガンの好みそうな場所にくり返しばらまく大造じいさん。（タニシ作戦）

2～②　ガンの様子を見て会心の笑みをもらす大造じいさん。小さな小屋の中にもぐりこみ、ガンの群れを待つ大造じいさん。

2～③　りょうじゅうをにぎりしめ、ガンの群れを待つ大造じいさん。

2～④　昨日までなかった小屋をみとめ、沼地の西のはしに着陸する残雪たち。

「ううん。」とうなってしまう大造じいさん。（二章の結果と大造じいさんの残雪に対する思い）

〇三章（七時間）

3～①　二年前に生け捕ったガンをおとりに使って、残雪の仲間をとらえてやろうと考える大造じいさん。（おとり作戦）

3～②　たまのとどくきょりの三倍も離れた地点をえさ場にする残雪たち。飼い慣らしたガンをえさ場に放ち、ガンの群れを待つ大造じいさん。

3～③　美しい朝の空を真一文字に横切ってやってくる残雪の群れ。銃身をぎゅっとにぎりしめ、目を見開く大造じいさん。

3～④　白い雲のあたりから一直線に落ちてきたハヤブサ。残雪に導かれ、すばやい動作で飛び去っていくガンの群れ。

3～⑤　飛びおくれたおとりのガン。おとりのガンを見逃さずおそいかかるハヤブサ。

舞い戻ってきた残雪。銃をおろす大造じいさん。

3～⑥　仲間を救うためにハヤブサと闘う残雪。

3～⑦　最期の時を感じて、大造じいさんを正面からにらみつける残雪。その姿に強く心をうたれる大造じいさん。（ハヤブサとの闘いで深く傷ついた残雪、その残雪にたいする大造じいさんの感動）

〇四章（二時間）

4～①　大造じいさんのおりの中でひと冬をこした残

雪。

快い羽音一番、一直線に空へ飛び上がる残雪。

（名前「残雪」について）

4～② 残雪に「ガンの英雄よ。」と呼びかける大造じいさん。北へ北へと飛び去っていく残雪。（英雄とは）

○まとめ（一時間）　全文の読み。全文を読んでの感想を書く。

※第一次全文通読は、しません。はじめから場面毎に読んでいきます。そのために次の場面などを予想して読んでいくことになります。

四、学習過程（一時間の授業の流し方）

◉前時の読み（斉読）

◉本時の読み（指名読み・斉読）

◉書き出し

本時で扱う段落の内容について、イメージしたことや感想などを自由にノートに箇条書きで書かせる。「一人読み」とも言う。

※　言葉・文・文章から読みとったり、イメージした内容に対して、子どもたちは、喜んだり、悲しかったり、主人公を応援したり、また別の登場人物に怒ったりします。また、美しい情景に感動をおぼえたりするのです。児童はこれらの文章から理解したことやイメージ・思いなどを書くことによって、文学体験を繰り返していくのです。まずは自分で文章にあたり読んでみるのです。〈自力読み〉です。

◉話し合い

書き出しを発表する。書き出しで各自が読みとった内容や感想などを交流する。

◉本時の内容の確認・読み深め

教師の発問を中心に文章に即して本時の内容を確認していきます。すべての子が本時の内容を確認し理解するために、さらに本時の重要事項の指導を通して、読みを深めるためにです。

※話し合い（書き出しの発表・交流）が終わったあと、授業の後半は、教師の発問によって、本時の内容・表現をしっかりと確認しながら読んでいきます。前半の「一人読み」でかなり読みとれる子もいます。しかし、

読みの不十分な子も多いのです。そして、なによりも教師として本時の内容・ねらいに迫るためです。

◉本時の感想を書く

書き出しをしたり、みんなで話し合ったり、教師と勉強したりして、読み深めた本時の内容について感想をノートにまとめる。

◉本時の感想を発表する。

授業を始めるにあたって

◉授業記録には、細案がのせてあります。この通りやってみてください。ただ時間がかかる場合はその時間で中心となる二、三ヵ所をくわしくおさえ、あとは主発問だけで流してもよいと思います。

◉そして、できればさらに教材分析を進めて、先生方それぞれの細案をかいて授業してください。教材分析をする、授業の組み立てを考える、そしてそれを細案にして流してみる。是非、取り組んでみてください。

◉また、この実践をまとめるにあたって、残雪の名前の意味などの問題意識などを含めて、さらに指導計画に変更を加えてあります。そのため三章の④と四章の①の場面には、子どもの反応がありません。先生方が実践されて、子どもたちの感想などを本の泉社に送っていただければ、ありがたいのです。

五、物語『大造じいさんとガン』の授業

前文

この物語の舞台、大造じいさんの紹介

大造じいさんとガン

椋鳩十 作

知り合いのかりゅうどにさそわれて、わたしは、イノシシがりに出かけました。イノシシがりの人々は、みな栗野岳《くりのだけ》のふもとの、大造じいさんの家に集まりました。じいさんは、七十二歳だというのに、こしひとつ曲っていない、元気な老かりゅうどでした。そして、かりゅうどのだれもがそうであるように、なかなか話し上手の人でした。血管のふくれたがんじょうな手を、いろりのたき火にかざしながら、それからそれと、愉《ゆ》快なかりの話をしてくれました。その話の中に、今から三十五、六年も前、まだ栗野岳のふもとのぬま地に、ガンがさかんに来たころの、ガンがりの話もありました。わたしは、その折の話を土台として、この物語を書いてみました。

さあ、大きな丸太がパチパチと燃え上がり、しょうじには自在かぎとなべのかげがうつり、すがすがしい木のにおいのするけむりの立ちこめている、山家《やまが》のろばたを想像しながら、この物語をお読みください。

◉物語の舞台設定をとらえる。

◉登場人物～大造じいさんの人物像をとらえる。
◉物語の題材をとらえる。（ガンがりの話）

※　ここでの主なねらいは、大造じいさんの人物像をとらえることである。
・狩人の中の狩人としての大造じいさんをとらえる。
・そのためのポイントは「イノシシがりの人々は、みな栗野岳のふもとの、大造じいさんの家にあつまりました。」という表現である。なぜ、イノシシがりの猟師たちはみな大造じいさんの家に集まるのか。その時々の猟の情報を得たり、何か良い方法などを大造じいさんから聞くのかもしれません。猟師として多くの人たちから信頼されているということです。
・教科書によっては、この前文がないものもあります。しかし、それでは、この後くり返し残雪にしてやられる大造じいさんが、間抜けた狩人になってしまいます。そして、逆に残雪のイメージも弱くなってしまうのです。この前文で大造じいさんを狩人の中の狩人としてとらえる。そして、この物語をガンの頭領・残雪と狩人の中の狩人・大造じいさんとの闘いとして、読んでいくのです。

題名読み

◉はじめます。今日から物語の勉強をしていきます。
※板書する　大造じいさんとガン　椋　鳩十
・誰か読んでください。

・みんなで読みましょう。
・これから読む物語の題名を言ってください。
・作者を言ってください。
◉まず題名を考えます。
・じいさんとは一言、何ですか。
・似ている言葉は、何ですか。
・じいさんと、おじいさんとどう違う。
・じいさんと、おじいちゃんとでもどう違う。
・「大造じいさん」と言うと、どんな人、どんな(お)じいさんを想像しますか。
◉そして、ガンとは、何ですか。
・どんな鳥か、多少、知っている事、ありますか。
◉さあ、題名「大造じいさんとガン」これ、「大造じいさんのガン」とどう違う。
・さあ、この題名から、これから読んでいくお話、物語、どんな内容を想像しますか。

本時の音読

◉では、今日は、前書きの所を勉強します。各自、読んでください。
・だれか、読んでください。
・みんなで、読みましょう。

書き出し

◉では、今日の所で思ったこと、考えたことなどをノートに箇条書きで二つ以上書いてください。

話し合い

（書き出しのノートをもとに話し合う）

◉では、どんな感想が書けたか、どんな考えがもてたか、発表してください。

★大造じいさんは、やさしそうなおじいさんだと思っていたけど、動物をしとめるかりゅうどだとはびっくりした。でも、しとめた物はどうするんだろう。

★大造じいさんが話してくれた話はこれから言う事だろうから、早くみてみたいと思った。ガンとゆう物はどんな物なのかみた事ないので、どんななのかなあと思った。

★私のおじいさんも、何かをかったりしているみたいだけど、大造じいさんは、七十二歳にもなって元気でかりゅうどをやってるなんてすごいと思った。イノシシがりでかってそのイノシシはみんなどうするんだろうと思った。

★この大造じいさんは、やさしくて、そんけいされる人だと思いました。なぜなら、そんけいされたりしないと、みんなあつまらないと思ったからです。

本時の内容の確認 読み深め

〈この物語の場面設定をとらえる〉

◉さあ、この物語に出てきたのは、だれですか。

・場所は、どこですか。

・栗野岳とは、何ですか。

・どこにある、どんな山だというのですか。

〈登場人物、大造じいさんをとらえる〉

◉そして、〝わたし〟この人がこの物語の何なのですか。（語り手）

---

①　狩人～漁師←→漁師

・猟をして生計をたてている人。職業としているということ。

・だから、ガンが一ぴきもとれないことは、生活にかかわるのである。本当にいまいましいのである。

◉そして、この物語の題名になっている大造じいさんとは、どんな人なのですか。

（・七十二歳・腰ひとつ曲がっていない・元気な老狩人　など）

・さあ、例えば腰ひとつ曲がっていないとは、どういうことですか。逆に言うと、どんなだというのですか。

・血管がふくれたがんじょうな手って、どんな手を想像しますか。

・そして、それは、どうしてなのでしょう。

・そして、狩人とは何ですか。①

・別の言葉にすると、さらに何ですか。（猟師）

・狩人、猟師。これ、ただのハンターなどとどう違うのですか。（職業としての猟師）

※猟師と漁師の違いを考えさせてもよい。

〈狩人の中の狩人としての大造じいさんをとらえる〉

◉さあ、そのわたし、どうして、大造じいさんの家に行ったのですか。

・イノシシ狩りとは何ですか。

・くり返し、イノシシ狩りの人たちは、みんな、どこにどうするというのですか。

・さあ、それはどうしてなのですか。

・イノシシ狩りの人々、狩りをする時にどうして大造じいさんの家に集まるのでしょうか。

・つまり、大造じいさん、狩人の中でも、どんな狩人なのですか。

◉さあ、〝大造じいさんとガン〟これ、何の話だというのですか。

・いつの、どんな頃の話をもとに、だれが書いたというのですか。

おわりの感想を書く

・さあ、ガン狩りとは、なんですか。
・これ、だれがガン狩りをした話ですか。
・大造じいさんが、ガンをとって、どうするの。何のためにガンをとるのですか。
※生活のためであることをおさえる。
・さあ、最後、この話、どんな所を想像して読んでくださいというのですか。

◉では、今日の所で思ったこと、考えたことをノートに八〇字以上で書いてください。

★かりゅうどたちは、大造じいさんがいて心づよいと思います。かりゅうどたちも、ベテランがいると、その人から情報がもらえてしとめやすく、たくさんとれると思いました。これからどんな話になるか楽しみです。

★かりゅうどが、いろんなことを聞きにくるなんて、大造じいさんは、よっぽどかりがうまいんだろうなと思いました。それに、ふつうに生活しているだけでは、血管がふくれるようなうでにはならないと思いました。きっと長年、ずっとかりというしごとをしてきたんだなと思いました。

★私は、ガンが鳥だと知って、ちょっとびっくりしました。なぜかと言うと、私の中での事だけど、狩人って、山で、イノシシとか、くまとかとって、鳥とかそらにとんでいるのはあまりとらないのかと思っていたからです。でも、ちがいました。狩人を主役にした本や物語は初めてなので、どんなかんじなのかとすごくたのしみです。また、大造じいさんは、強いけど、一人でたんたんとかりをやっているような人だと思ったけど、ゆかいな人とわかったので、今までと話の見方がかわるような気がしました。

1章

1 残雪の紹介

1

今年も、残雪は、ガンの群を率いて、ぬま地にやってきました。

残雪というのは、一羽のガンにつけられた名前です。左右のつばさに一か所ずつ、真っ白な交じり毛をもっていたので、かりゅうどたちからそうよばれていました。

残雪は、このぬま地に集まるガンの頭領らしい、なかなかりこうなやつで、仲間がえ《えさ》をあさっている間も、油断なく気を配っていて、りょうじゅうのとどく所まで、決して人間を寄せつけませんでした。

◉残雪の基本的な人物像をとらえる。

※ ここでのおもなねらいは、登場人物「残雪」の基本的な人物像をとらえることである。残雪という名前の意味とその由来。残雪がガンの頭領であることをおさえる。そして、重要なポイントは、「仲間がえをあさっている間も。ゆだんなく気を配っていて、りょうじゅうのとどく所まで、決して人間を寄せつけませんでした。」という表現である。えをあさっている間ⓜのものは強調ⓜである。えを食べている間

さえ㋲である。仲間がえさを食べている間も残雪は、周囲に気を配っているのである。そして、人間、狩人を決して寄せつけないのです。仲間のガンの「食」を守る。仲間のガンの「生命」を守る。自分よりも仲間を守り、大切にする残雪の姿が、この助詞㋲をはじめとしたこの一文に表現されているのです。自分が食べることは、後回しです。これが残雪の基本的な人物像、この物語での出発点の姿です。そして、この「仲間」をめぐって、仲間を守る残雪と残雪の仲間をとらえようとする大造じいさんとの闘いが、ここから始まるのです。

前時の読み

◉はじめます。きのうのところをだれか、読んでください。

本時の音読

◉では、今日は○頁○行目から、○頁○行目まで読みます。各自、読んでください。

・だれか、読んでください。

書き出し

◉では、今日の所で思ったこと、考えたことなどをノートに箇条書きで二つ以上書いてください。

話し合い

（書き出しノートをもとに話し合う）

◉では、どんな感想が書けたか、どんな考えをもてたか、発表してください。

★私は、最初「残雪」という名前が一羽のがんにつけられた名前と聞いて、私が思っていた残雪は、地面とかに残った雪のことだと思っていました。でもこの「残雪」は、左右のつばさに一か所ずつ真っ白なまじり毛を持っているがんのことをかりゅうどたちから呼ばれていることを知って、ちょっとおどろきました。

★最初は、残雪がむれをひきいてぬま地にやってくると聞いた時、雪が「うごいてくるの？」と思ったけど、がんの名前だと分かって、私はかりうどたちは、よびにくそうな名前で呼んでいるなぁと思った。

左右に一か所ずつまっしろなまじりけがあるから「残雪」ってよく思いついたなと思った。

★仲間がえさをあさっている間も、自分もえさを仲間といっしょにあさらずに、ゆだんなく気を配って、決して人間をよせつけない残雪は、仲間を守ろうという気持ちはすごいと思った。

★残雪は、辺りのガンたちを守って、一人も人間を寄せつけないようにしていたから、えさがほしくても、がまんして、自分と仲間を大切にしていたんだと思う。残雪は、ゆだんもすきもないようなガンなんだと思った。

★この残雪が他のガンを見守っているから、かちゅうどたちに見つからずにえさを食べることができていると思います。頭領というのは、他の動物よりえらいから守られているかと思ったけど、ガンの中では頭領がみんなを守っているのでびっくりしました。

本時の内容の確認 読み深め

〈残雪の基本的な人物像をとらえる〉

◉さあ、〝今年も〟だれが、どうしたというのですか。

・今年(も)とはどういうことですか。〝今年は〟とどう違うのですか。①
・ガンとはなんですか。
・さらにガンの群れとは、何ですか。
・そして率いるとは、どうすることですか。例えば、ガンの群れと一緒にとか、ガンの群れを連れて、などとどう違うのですか。
・そして、さらに沼地とは、何ですか。どういう所ですか。湖や池とどう違うのですか。
・そして、ガンの群れ、どこからこの沼地にやってきたのですか。
・何しにこの栗野岳のふもとの沼地に今年もやってきたのですか。
・つまり、これ、一年のうちのいつか、わかりますか。

〈残雪の名前をとらえる〉

◉さあ、今日出てきた、ガンの名前は何ですか。
・これ、だれが、残雪などと、名前をつけたのですか。
・どうして、残雪などと、名付けたのですか。
・さあ、翼とは何ですか。鳥のどこの所を言うのですか。
・そして、真っ白とは、どんな白。ただの白とどう違うのですか。
・しかし、本当は残雪とは、何のことですか。どういうものを残雪と言うのですか。②
・さあ、狩人たち、どうして一羽のガンに名前なんてつけたのでしょう。普通、野生の動物に人間が名前をつけるなんてことありますか。

---

①今年(も)~反復・くり返しの(も)

②残雪~消えずに残った雪

③頭領~仲間などを統率し、上に立つ人。漢語調の表現。リーダーなどとの違いを考えさせ、残雪の人物像を形作っていく。

④仲間~物事を一緒にする集団。ここでは、ガンの仲間。この「仲間」という言葉がこの物語のかなめであると考えます。このガンの仲間を守る残雪ととらえようとする大造じいさんの闘いの物語です。

⑤えをあさっている間(も)――強調の(も)、~さえも
特にこの(も)は、大切である。仲間のガンがえさを食べている間も、残雪は、仲間を守るために、狩人たちが近寄ってこないかと油断なく気を配っているのである。自分よりも仲間を守り、大切にする残雪の姿がこの(も)に表現されている。「えをあさっている間も」と「えをあさっている間」との違いを考えさせることによって、この(も)の役割をとらえさせる。

〈残雪の頭領としての働きをとらえる〉

◉そして、今日の所でこの残雪について、さらにわかることを言ってみてください。

・さあ、頭領とは何ですか。別の言葉で言ったら何ですか。③

・頭領〜リーダーと比べて、どう違う。

・頭領と聞くとどんな感じを受けますか。

◉さらに、りこうとは、どういうことですか。

・そして〝りこうなやつ〟これりこうな鳥とどう違う。

・これ、だれが、だれのことを、〝りこうなやつ〟と言っているのですか。

◉さあ、残雪、どのようにりこうだというのですか。

・ここで仲間とはだれのことですか。④

・え、とは何ですか。

・あさるとは、どうすることですか。食べるとどう違うのですか。

・さらに、気を配るとは、どうすることですか。

・油断なく気を配るとは、どうすることですか。

◉その結果、残雪、だれをどこまでは、どうしないというのですか。

・りょうじゅうとは、何ですか。

・これ、だれが、どうしようとして、りょうじゅうをもって、近づいてくるのですか。

・そして、寄せつけないとはどういうことですか。

・これ、もし、りょうじゅうがとどく距離まで狩人が近づいてきたら、残雪、どうするんでしょうか。

・さあ、まとめて、残雪、仲間がえをあさっている間も、自分はどうしているのですか。⑤

・そして、それはどうしてなのですか。

◉まとめて、残雪、仲間のガンにとっては、どんな存在なのですか。

・狩人たちにとっては、どういう存在なのですか。

おわりの感想を書く

◉では、今日の所で思ったこと、考えたことを八〇字以上でノートに書いてください。

★残雪は名前をつけられるから、かりゅうどにとって、特別なそんざいなんだと思いました。一か所ずつの真っ白なまじり毛というのは、あんまりめずらしそうじゃないなと思ったけど、群れの中では残雪だけだから、めずらしいんだと思いました。

★かりゅうどたちは、その一羽のガンの羽のもようが地面に残った雪のようだったから、残雪と付けたんだと思います。いかにもみんなをひっぱれそうな強くひきしまった名前だと思いました。でも、何でこのガンたちが大造じいさんとかんけいがあるのかふしぎです。

★残雪はみんなを守るために、みんながえさを食べている時も残雪はえさを食べないでみんなを守っていてとてもすごいと思いました。ぼくだったら、残雪ではなくえさを食べているほうだとおもいます。

★残雪は、仲間のために気を配り、休むひまもないのか？　と思うと変なことをしている人間より、ずっと人間らしいと、そこで残雪が「やつ」とよばれていた意味がわかりました。油断しないで、仲間を守るなんて、自分はできないけど、人間でこういう人がいたら、どんなにたよりがいのある人だろうと思いました。

★残雪は、仲間のガンからすると、いなきゃいけないし、守ってくれるそんざいで、なんか、リーダーや頭領とゆうより、仲間の安全を第一に考える、けいびいんみたいな気がした。残雪が、もしいなくなってしまったら、仲間たちはまもる人がいなくなって、かられてしまうんじゃないかなぁ？　と思った。逆に、人間たちからみるとじゃまで、あまりいいそんざいではないと思われていると思った。でも、残雪は、仲間をずっとまもっていくんじゃないかなぁと思った。

1章 ②

残雪をいまいましく思う大造じいさん
今年こそはと、特別な方法に取りかかる大造じいさん

大造じいさんは、このぬま地をかり場にしていたが、いつごろからか、この残雪が来るようになってから、一羽のガンも手に入れることができなくなったので、いまいましく思っていました。

そこで、残雪がやってきたと知ると、大造じいさんは、今年こそはと、かねて考えておいた特別な方法に取りかかりました。

それは、いつもガンのえをあさる辺り一面にくいを打ちこんで、タニシを付けたウナギつりばりを、たたみ糸で結びつけておくことでした。じいさんは、一晩じゅうかかって、たくさんのウナギつりばりをしかけておきました。今度は、なんだかうまくいきそうな気がしてなりませんでした。


◉大造じいさんの残雪に対する思いとその理由をとらえる。

※　ここでは大造じいさんにとって、残雪がどのような存在なのかをとらえる。大造じいさんは、この沼地を狩り場にしていた。つまり、この沼地が仕事場なので

ある。この沼地で狩りをし、獲物をとらえ、生活をしてきたのである。

しかし、残雪がくるようになってからは、一羽のがんさえも手に入れることができなくなった。狩人としては、生活にかかわるのである。狩人の中の狩人である大造じいさんにとっては、名誉にかかわるのである。いまいましい。自分の思うようにいかず非常に癪にさわるのである。この思いを胸に大造じいさんは、今年こそはと、かねてから考えておいた特別な方法にとりかかる。ここから大造じいさんと残雪との闘いがくり広げられていくのである。

前時の読み

◉はじめます、きのうの所をだれか、読んでください。

本時の音読

◉では、今日は○頁○行目から、○頁○行目まで読みます。各自、読んでください。

・だれか、読んでください。

書き出し

◉では、今日の所で思ったこと、考えたことなどをノートに箇条書きで二つ以上書いてください。

話し合い

（書き出しノートをもとに話し合う）

◉では、どんな感想が書けたか、どんな考えをもてたか、発表してください。

★大造じいさんはこのぬま地をかり場にしてガンをしとめようとしていましたが、残雪がいると、一匹もガンをしとめることができなくなってしまった。残雪がいたから、一匹の仲間もかけることなく生きていけたと思います。なので残雪はかかせないそんざいだと思いました。

★残雪がくるまでは、ガンが、かられていたのかなと思いました。大ぞうじいさんは、がんがりをしごとにしていたのに、ガンがとれなくなって、生活できたのかなと思いました。

★大造じいさんは、今年こそは、とかねて考えておいた特別な方法をしかけておいた。「何だかうまくいきそうな気がしている」という一文を聞いて、私は、大造じいさんは、狩りのベテランだから、がんをしとめることができるんじゃないかなー、と思いました。

★残雪がくるようになってから、とれなくなったので、くる前はとれていたってことだから、やっぱり「残雪はじゃまだ」と思っている狩人が多いのかなぁ？　と思った。一羽もとれないのは、残雪がずっと守ってきて、守りぬいてきたとゆう事なので、残雪は、タッタの一匹で人間にたちむかってすごいと思った。

★大造じいさんは、残雪の仲間を引っぱる力が強く、じゅうでうちとるのはあきらめて、わなをしかけてかることにしました。そのわなもしっかりできて、今度は何だかうまくいきそうだと自信をもっていますが、残雪はどういう行動をとるかたのしみです。

本時の内容の確認　読み深め

〈大造じいさんにとって、狩り場は生活の場であることをとらえる〉

◉さあ、〝今年も〟だれが、どうしたというのですか。
・大造じいさん、どこを何にしてきたというのですか。
・この沼地とは、どの沼地ですか。（残雪たちが今年もやってきた沼地）
・狩り場とは、なんですか。①
・狩り場にしていたとは、どういうことですか。
・つまり、大造じいさん、この沼地を狩り場にして、何を手に入れてきたのですか。
・大造じいさん、この沼地を狩り場にして、えものをとって、それでどのように生活してきたのですか。

〈大造じいさんの残雪に対する思いをとらえる〉

◉ところが、だれが来るようになって、どうなったというのですか。
・この残雪の「この」は何を指す。この残雪とはどのような残雪ですか。
・そして、「一羽のガンⓜ手に入れることができなくなった」とは、どういうことですか。
・このⓜの前に、言葉がはいるとしたら。何という言葉ですか。（～さえ）
・結果、大造じいさん、だれをどう思っているのですか。
・「いまいましい」とは、どういうことですか。「いまいましい」、別の言葉にすると何ですか。②
・大造じいさん、どうして、残雪がいまいましいのですか。
・まとめて、大造じいさんいとって、残雪は、どのような存在なのですか。

---

①狩り場～狩りをする場所。この沼地で大造じいさんは狩りをし、獲物をとらえ、生活の糧を得てきたのである。つまり、この沼地は大造じいさんの仕事場なのである。

②いまいましい～腹だたしい。癪にさわる。相手にひどい仕打ちをうけたり、物事が自分の思いどおりにいかなくて、非常に癪にさわるさまのこと。

③「今年こそ」「かねて考えておいた」「特別な」この三つ言葉は、反復である。大造じいさんの今年にかける思いがくり返し表現され、強調されている。

〈大造じいさんのがん狩りの方法をとらえる〉

◉さあ、そこで大造じいさん、残雪がやってきたと知ると、どうしたのですか。

・「今年こそは」「今年は」とどう違う。

・大造じいさん、どうして「今年こそは」なのですか。③

・さらに「かねて考えておく」とはどういうことですか。ただ、「考える」とどう違うのですか。

・そして、さらに「特別な」これ、別の言葉にしたら何ですか?

◉さあ、かねて考えておいたその特別な方法とは、どんな方法なのですか。

・えとは、なんですか。

・ガンのえさ、食べ物は何ですか。

・さらにくいとは、何ですか。

・くいを打ちこむとは、どうすることですか。

・一面に打ちこむとは、どうすることですか。

・さらにうなぎつりばりとは、どんなつりばりですか。

・たたみ糸って、どんな糸なのですか。普通の糸とどう違うのですか。

◉大造じいさん、それをどれくらいかかってやったのですか。

・一晩じゅうとは、いつからいつまでですか。

・そして、しかけるとは、どういうことですか。

・さあまとめて、大造じいさん、今年はどうやってガンをとろうというのですか。

・大造じいさん、最後、どんな気がしてきたのですか。

おわりの感想を書く

・大造じいさん、何がうまくいくというのですか。
・逆にこれまでは、どうだったのですか。

◉では、今日の所で思ったこと、考えたことをノートに八〇字以上で書いてください。

★大造じいさんは、残雪が来るようになってから、一羽のがんも手に入ることができなくなって、残雪に対して非常に頭にきてるのだと思った。残雪も「もう、狩人なんていなくなってほしい」と思っているのかもしれないのかなーっと思った。だって狩人たちは、自分たちの命をなくしてしまうものなんだ。すごいライバル関係だと思った。

★大ぞうじいさんもざんせつをじゃまだと思っているけれど、ざんせつも、にんげんをてんてきだと思っている。だいぞうじいさんは、せいかつしていけないから、てんてきだとおもう。私だったら、ざんせつをすぐしとめちゃうと思う。

★残雪は、大造じいさんたちがとりたいガンたちを守り続けて、とうとうじゅうでは、かることができないと、おくのてを使うことにし、わなをしかけました。でも残雪は、ここまで大造じいさんを本気にさせたのですごいと思いました。

★大造じいさんは、今年こそは、ぜったいとりたいと思ったから特別な方法にとりかかっているので、一匹はかかっているようなきがします。でも、特別な方法じゃないととれる可のうせいがないようにした残雪も、とてもすごいと思いました。大造じいさんと残雪、どっちもちえがはたらき、力も強くて、すごくいい勝負になりそうだと思います。私は、このしかけで、ガンがとれればいいと思うけど、残雪がいるから、もしとれても、なんか、すなおに「やったー!」とか言えなそうだと思いました。

★大造じいさんは、残雪がくるようになってからガンがとれなくなってしまって、大造じいさんが主役だと、残雪をじゃまと私も思ってしまうかもしれないし、逆にガンが主役だと、残雪をよく思って、大造じいさんを悪い人と思ってしまうかもしれないけど、これは、どっちもが主役っぽいから、ただただ先を読みたくなってしまいました。そして、残雪と大造じいさんは、ライバルで、どっちもとても強そうなので、どうなるかよそうもつきませんでした。

よく日、一羽のガンを手に入れ、子どものように喜ぶ大造じいさん
「たかが鳥のことだ」と考え、さらにたくさんのつりばりをまく大造じいさん

よく日の昼近く、じいさんはむねをわくわくさせながら、ぬま地に行きました。昨晩つりばりをしかけておいた辺りに、何かバタバタしているものが見えました。

「しめたぞ。」

じいさんはつぶやきながら、夢中でかけつけました。

「ほほう、これはすばらしい。」

じいさんは、思わず子どものように声を上げて喜びました。一羽だけであったが、生きているガンがうまく手に入ったので、じいさんはうれしく思いました。

さかんにばたついたとみえて、辺り一面に羽が飛び散っていました。ガンの群れは、これに危《き》険を感じてえさ場を変えたらしく、付近には一羽も見えませんでした。しかし、大造じいさんは、たかが鳥のことだ、一晩たてば、またわすれてやって来るにちがいないと考えて、昨日よりも、もっとたくさんのつりばりをばらまいておきました。

◉よく日一羽のガンを手に入れ喜ぶ大造じいさんの様子や気持ちを読みとる。

※　そのよく日、大造じいさんは、今年こそはと考えた方法でうまく一羽のガンを手に入れる。近くにガンの姿は見えない。しかし、大造じいさんは、「たかが鳥のことだ」また忘れてやってくるにちがいないと考え、さらにたくさんのつりばりをばらまいておくのである。

「たかが鳥のことだ」これが、ここでの大造じいさんの残雪やガンに対する見方である。残雪がくるようになってからは、いまいましい思いをしてきたにもかかわらず、ここではまだ、ガンの頭領である残雪を見くびったり、見下したりしているのである。しかし、この後物語の進展にそって、三章の「ただの鳥に対しているような気がしませんでした。」四章の「ガンの英ゆうよ。」と大造じいさんの残雪に対する見方は深化していく。ここでは、その出発点となる見方として「たかが鳥のことだ」という一文をしっかりとおさえておく。

前時の読み

◉はじめます。きのうの所をだれか、読んでください。

本時の音読

◉では、今日は、○頁○行目から、○頁○行目まで読みます。各自、読んでください。

・だれか、読んでください。

書き出し

◉では、今日の所で思ったこと、考えたことなどをノートに箇条書きで二つ以上書いてください。

話し合い

（書き出しノートをもとに話し合う）

◉では、どんな感想が書けたか、どんな考えをもてたか、発表してください。

★大造じいさんのがんばりで、一羽だけど、生きているガンが手に入って、大造じいさんもがんばったかいがあったなと思ったと思います。この手に入った一羽のガンがどうなるのかしりたいです。

★ベテランの大造じいさんでもずっとつかまんなかったガンが、一ぴきでもつかまっていちばんうれしいと思いました。でも、ガンたちはわながしかけてあるから、ほかのえさ場に行ってしまいました。大造じいさんは、一晩たてばわすれてるにちがいないと考えていますが、鳥や動物だって頭はいいからなめないほうがいいと思いました。

★うなぎばりでしとめるのは、ちょっとかわいそうだけど、一ぴきもとれないんじゃ生活できないからしょうがない。とくべつな方法は、いっしょうけんめいかんがえた末の方法だと思うから、とれなかったらがっかりすると思う。一晩じゅうやるんだから、ねるまもおしんで、ガンをとりたかったのかと思う。

★大造じいさんがしかけたわなは、ひっかかった鳥がいたので、すごくよかったです。やっぱり特別な方法は、ひっかかりやすいんだなあと思いました。大造じいさんがガンをあまくみていたけど、残雪がいるので、もう一回はこないかもしれないと思います。でも、せっかく作ったんだから、一ぴきぐらいはかかっていてほしいと思いました。あと、とれたガンは一体どうされるのかと思いました。さばいたりして売るのか、それとも、いっぱいとれないので、家でとっとくとか、どうなんだろうと思いました。

本時の内容の確認 読み深め

〈よく日、沼地に行く大造じいさんの様子と気持ちをとらえる〉

◉今日の所、時はいつですか。
・よく日とは、いつのよく日ですか。
・大造じいさん、どんな気持ちでどこに行ったのですか。
・むねをわくわくさせるとは、どういうことですか。
・大造じいさん、どうして、むねをわくわくさせているのですか。①
◉すると、どこにどんなものが見えてきたというのですか。
・そこで大造じいさん、何と言って、どうしたんですか。
・「しめた」とは、どういうことですか。「しめた」ってどんな時に使う言葉ですか。
・さらに「かけつけました。」大造じいさん、どこにかけつけたのですか。
・どうして、大造じいさん、夢中で沼地にかけつけたのですか。

〈一羽のガンを手に入れて喜ぶ大造じいさんの様子と気持ちをとらえる〉

◉さあ、沼地についた大造じいさん、何と言ってどうしたのですか。
・さあ、大造じいさん、何がすばらしいというのですか。大造じいさん、どうして子どものように喜んだのですか。

---

①「むねをわくわくさせながら」「しめたぞ」「夢中でかけつけました。」
ここには、今年こそはと仕掛けた罠にガンがかかっているかと、翌日、期待で心をはずませながら、沼池にかけつける大造じいさんの気持ちが、くり返し表現されている。くり返し、反復は強調である。

②たかが鳥のことだ～「たかが」とは、たかだか。せいぜい。見くびった気持ちで使う。「見くびる」とは、軽んじる、侮る、見下すことである。

おわりの感想を書く

・さあ、くり返し、大造じいさん、どうして、一羽でもガンが手に入ってうれしいのですか。
・大造じいさん、どうして、生きているガンが手に入って、うれしいのですか。
◉さあ、辺りの様子は、どんなだったですか。
・ガンの群れは、どうしたというのですか。
〈「たかが鳥のことだ」と考え、さらにつりばりをまく大造じいさんの様子や気持ちをとらえる〉

◉しかし、大造じいさん、その様子をみて、どう思ったのですか。どう考えたのですか。
・さあ、「たかが鳥のことだ」の「たかが」とは、どういう意味ですか。②
・つまり、大造じいさん、残雪たち、ガンをどう見ているのですか。どう思っているのですか。
・そして、「一晩たてば、またわすれてやってくる」これ、だれが何を忘れて、またどこにやってくるというのですか。
◉そこで最後、大造じいさん、どうしたというのですか。
・さあ、大造じいさん、どうして昨日よりも、もっとたくさんつりばりをばらまいておくのですか。
・そうすれば、どうなると思っているのですか。
・さあ、一言、君たち、うまくいくとおもいますか。
◉では、今日の所で思ったこと、考えたことを八〇字以上でノートに書いてください。

★ガンが、かりゅうどたちにたくさんかられるのはかわいそうだけど、かりゅうどたちもたくさんからなきゃ仕事にならないから、どんな手をつかってでも最後までねばるんだなーと思いました。

★くろうして考えたわなだけあって、たったの一羽だけでも、生きたガンをとれて、よかったなと思いました。でも、残雪と大造じいさんとのライバルいしきは、強くなったんだろうなと思いました。

★大造じいさんは、ハンパな気持ちで残雪たちをバカにしていると思います。でも、そんなことを知らない残雪たちは、いつも通りの生活をして、頭のいい残雪についているから、もう、えさのあるわなには、こないで他の所に移っちゃったと思います。

★私は、ガンがかかっていたと聞いて、まず「残雪？」とおもいました。なぜかというと、もし本当にりこうなら、ぜったいにひっかかってないと思ったからです。でも、予想通り残雪は、かかっていなかったので、ちょっとほっとしたような残念なような、きみょうなかんかくにおそわれました。あと、そのあと、大造じいさんはまたしかけたけど、ガンたちを見下していたので、そんなにゆだんしているといたいめにあいそうだと思いました。

④ 残雪の指導に感嘆の声をもらす大造じいさん

そのよく日、昨日と同じ時こくに、大造じいさんは出かけていきました。

秋の日が、美しくかがやいていました。

じいさんがぬま地にすがたを現すと、大きな羽音とともに、ガンの大群が飛び立ちました。じいさんは、「はてな。」と首をかしげました。

つりばりをしかけておいた辺りで、確かに、ガンがえをあさった形せきがあるのに、今日は一羽もはりにかかっていません。いったい、どうしたというのでしょう。

気をつけて見ると、つりばりの糸が、みなぴいんと引きのばされています。

ガンは、昨日の失敗にこりて、えをすぐには飲みこまないで、まず、くちばしの先にくわえて、ぐうと引っぱってみてから、いじょう無しとみとめると、初めて飲みこんだものらしいのです。これも、あの残雪が、仲間を指導してやったにちがいありません。

「ううむ。」

大造じいさんは、思わず感たんの声をもらしてしまいました。

ガンとかカモとかいう鳥は、鳥類の中で、あまりりこうなほうではないといわれていますが、どうしてなかなか、あの小さい頭の中に、たいしたちえをもっているものだなということを、今さらのように感じたのでありました。

前時の読み

◉情景の文をてがかりに、そのよく日、沼地に出かける大造じいさんの気持ちを読み取る。

◉よく日、ガンの大群が飛び立ったあとの沼地の様子、残雪が仲間を指導したことをとらえる。

◉残雪のちえに感嘆の声をもらす大造じいさんをとらえる。

※　ここでは、まず残雪が仲間に指導した内容をとらえます。そして、それは狩人が仕掛けた罠から仲間を守るための指導であることをおさえます。そしてここは、一章の結果です。大造じいさんが、今年こそはと考えた特別な方法は、残雪によって見破られてしまったのです。

　この作品は読者が大造じいさんとともに残雪の行為をとらえ、残雪に対する認識を深めていくものであると考えます。ここでは、一章での大造じいさんの残雪に対する見方をまとめていきます。前時の「たかが鳥のことだ」と本時の「感たんの声をもらす」「たいしたちえをもっているものだ」を比べ読みし、違いをとらえ、大造じいさんの残雪に対する見方がどう変ったかを考えていきます。感嘆とは、すばらしさに感心することです。大造じいさんは、残雪の智恵、判断のすばらしさに改めて驚き、心動かされたのです。再認識したのです。

◉はじめます。きのうの所をだれか、読んでください。

本時の音読

◉では、今日は、○頁○行目から、○頁○行目まで読みます。各自、読んでください。
・だれか、読んでください。

書き出し

◉では、今日の所で思ったこと、考えたことなどをノートに箇条書きで二つ以上書いてください。

話し合い

（書き出しノートをもとに話し合う）
◉では、どんな感想が書けたか、どんな考えをもてたか、発表してください。

★大造じいさんは、鳥を少しばかにしすぎていたんじゃないかなと思いました。でも、残雪いがいのガンたちは、残雪がいないと、大造じいさんに、ほとんど仲間のガンたちをかられていたと思います。残雪は、ほかのガンより、少しちえのあるガンなんじゃないかなと思いました。

★ガンたちは、えさに異常はないかたしかめてから飲みこみました。この指示をしたのはたぶん残雪でした。大造じいさんは、今になってガンたちのかしこさにきずき、なめていたから、一ぴきも取れなかったからこうかいしていると思いました。

★つりばりからえさを取られて、みなぴいんと引きのばしてあった。そして大造じいさんは、がんとか、かもとかの鳥類は、あまりりこうではないといわれていて、どうしてかと思っただろうけど、それはじいさんが残雪の強さをまだ知らずにいるから、そんなことを言えるんだろうと思いました。つりばりを多くしかけても、その時間がむだになっただけだと思いました。

★やっぱり、昨日油だんしていて、残雪を見下していたから、いたいめにあったんだと思った。だから、大造じいさんは、残雪と真けんに戦わなければいけないんだと思う。特別な方法でもりかいし、指導する残雪はすごいと思う。

本時の内容の確認 読み深め

〈情景の文を手がかりに沼地にかけつける大造じいさんの気持ちをとらえる〉

◉さあ、今日の場面はいつの事ですか。

・いつの翌日ですか。

・大造じいさん、その翌日、どこに何しに出かけたのですか。

・さあ「秋の日が美しくかがやいていました。」この文から君たち、どんな景色、どんな様子が頭に浮かんできますか。①

・そして、これはだれが見た景色ですか。

・さあ、この文は景色を表現した文だけれども、この文には、だれの気持ちが描かれているのか、わかりますか。

・そして、この文から、沼地に向かう大造じいさん、今どんな気持ちだとわかりますか。

※このような文のことを「情景」といいます。

〈ガンの大群が飛び立った後の沼地の様子をとらえる〉

◉さあ、その大造じいさんが、沼地に着くと何がどうしたというのですか。

---

①「秋の日が美しくかがやいていました。」

・この作品には、「情景」の文がくり返し出てくる。情景とは、心がとらえた景色である。この作品の「情景」の文は、大造じいさんの心がとらえた景色であり、逆に「情景」の文に大造じいさんの心が表現されている。ここではその翌日、大造じいさんが、期待をもって、明るい気持ちで沼地に出かけたことがとらえられる。

②「あの残雪」

この作品では、語り手が大造じいさんに寄り添って語っている。そのため地の文に大造じいさんの

・そこで大造じいさん、何と言ってどうしたのですか。
・大造じいさん、何が「はてな」なのですか。どうして「はてな」と首をかしげたのですか。
◉さあ、ガンたちは、えさは食べたのですか。
・でも、結果はどうだったのですか。(ガンはかかっていたのですか。)
・どうして、あんなにつりばりをばらまいておいたのに、一羽のガンもかかっていなかったのですか。
・ガンたち、どのようにえさを食べたというのですか。
・昨日の失敗とは、何ですか。
・残雪やガンたち、きのう、どんな失敗をしたのですか。

〈残雪の指導に感嘆の声をもらす大造じいさんをとらえる〉

◉さあ、これも、だれがだれを指導したというのですか。
・「あの残雪が」と「残雪が」の違いを言ってください。②
・「あの残雪」とは、どの残雪ですか。
・そして、「あの残雪が」という言い方のなかに、だれのどんな気持ちが入っているのですか。
・そして、仲間とはだれのことですか。③
・そして、指導するとは、どうすることですか。
・そして、これ、もし残雪が指導していなかったら、ガンたちどうなっていたのですか。

気持ちが表れる。これは、呼称の問題である。「あの残雪」と「残雪」を比べ読みする。「あの」の指す内容は何なのか。「あの残雪」とはどの残雪なのか。この呼称、呼び方にだれのどんな気持ちが表れているのか。ここでは、りょうじゅうのとどく所まで、決して人間を寄せつけない、一羽のガンも手に入れることができなくなった、大造じいさんにとって、いまいましい残雪である。

③「仲間を指導してやったにちがいありません。」
仲間とは、残雪の仲間のガンたちである。この物語は、この仲間のガンをめぐっての残雪と大造じいさんの闘いである。指導とは、ある目的が達成されるように教え導くことである。ここでは、残雪が大造じいさんの仕掛けを見破り、仲間を指導し、仲間のガンを守ったのである。一章の結果である。

おわりの感想を書く

◉さあ、そこで大造じいさん、何と言ってどうしたのですか。
・「ううむ。」これ、何の声ですか。
・「感嘆」とは、どういう意味ですか。
・大造じいさん、だれに感嘆したのですか。
・残雪のしたどんなことに感嘆したのですか。

〈第一章での大造じいさんの残雪に対する思い、見方をまとめる〉

◉そして、最後、大造じいさん、どう思ったというのですか。
・知恵とは何ですか。知識とどう違うのですか。
・そして、大した知恵とは、ここでは何をどうしたことを言うのですか。
・そして、さらに「今さらのように」とは、どういうことですか。
・ここ、どうして「今さらのように」がつくのですか。
・さあ、一章の結果、大造じいさんの今年の特別な方法は、うまくいったのですか。
・まとめて、大造じいさん、「ううん。～」つづけて何でしょうか。

◉さあ、大造じいさん、きのうの所では、残雪やガンたちをどう思っていたのですか。
（たかが鳥のことだ）
・ところが、今日の所では、ガンたちやその頭領である残雪をどう思ったのですか。

◉では、今日の所で思ったこと、考えたことをノートに八〇字以上で書いてください。

★大造じいさんは、残雪のことをあまく見ていたけど、この特別なわなまでやぶられてしまっては、もう出すてだてがなくなってしまったかなと思いました。

それほど残雪のそんざいが強いということです。

★ざんせつが、わなをみやぶったのは、すごいと思ったけど、もっとすごかったのは、ざんせつが、ろうかりゅうどをかんしんさせたことです。けいけんほうふなかりゅうどを、かんしんさせるガンなんて、ほんとにいるのかと思いました。それほどざんせつは、のうがあり、ちえがあるんだと思いました。

★大造じいさんが、知えをふりしぼって、いっしょうけんめいかんがえたわななのに、ざんせつは、あっさりそのしかけをみやぶってしまって、大造じいさんは、すごいはいぼくかんをあじわったんだろうなと思いました。でも、それがきっかけで、また大造じいさんと残雪とのライバルいしきは、ふかまっていったと思います。

★大造じいさんは、たかが鳥だと思っていたけど、残雪は、そんなそこらのガンやカモとはちがって、特別なさいのうをもっていることに気がつかなかった事が、大造じいさんがガンをとれなかったげんいんだと思います。この勝負は、今、大造じいさんの一歩前を残雪が進んでいるとゆうかんじだけど、残雪の強さを知る事で、大造じいさんは、次へ生まれ変わって再スタートできると思います。そのためにちえをしぼってとる方法を考えたほうがいいと思いました。残雪も守りをかためないと、勝負に負けてしまうと思います。この二人はライバルどうしだし、でも感心することもあり、いい勝負だと思いました。

2章

1 そのよく年。ガンの好みそうな場所に、タニシをくり返しうんとこさとまく大造じいさん

2

そのよく年も、残雪は、大群を率いてやって来ました。そして、例によって、ぬま地のうちでも見通しのきく所をえさ場に選んで、えをあさるのでした。

大造じいさんは、夏のうちから心がけて、タニシを五俵ばかり集めておきました。

そして、それを、ガンの好みそうな場所にばらまいておきました。どんなあんばいだったかなと、その夜行ってみると、案の定、そこに集まって、さかんに食べた形せきがありました。

そのよく日も、同じ場所に、うんとこさとまいておきました。そのよく日も、そのまたよく日も、同じようなことをしました。


◉そのよく年も大群を率いてやってきた残雪の様子をとらえる。

◉夏のうちから集めておいたタニシを、ガンの好みそうな場所にくり返しまく大造じいさんの様子と気持ちをとらえ、今年の作戦を考える。

※ ここでは、その翌年、さらに新たな方法を考え、残雪の仲間をとらえてやろう

と意気ごむ大造じいさんをとらえる。「夏のうちから心がけて」から大造じいさんの残雪との闘いはすでに夏から始まっていることがわかります。「タニシを五俵」これも大量のタニシです。さらに「うんとこさ」とは、非常にたくさんという意味です。これらすべての表現に大造じいさんのこの闘いに対する思いの強さが表現されています。そして、これらの表現が連続することによってさらに反復の効果（強調）が生み出されているのです。

「そのよく日ⓜ」「そのよく日ⓜ」「そのまたよく日ⓜ」これらのⓜは、反復、くり返しのⓜです。どうしてこんなにくり返し大造じいさんは、大量にタニシをまくのか。ここから大造じいさんのどんな気持ちがわかるのか。くり返し、反復は、強調です。やはり、ここからも何としてもガンをとらえてやろうとする、大造じいさんの気持ちが読みとれるのです。人物の行為、行動から、その人物の気持ちを読みとる。その想像力、その力をつけたいと思います。

前時の読み

◉はじめます。きのうの所をだれか、読んでください。

本時の音読

◉では、今日は、○頁○行目から、○頁○行目まで読みます。各自、読んでください。

・だれか、読んでください。

書き出し

◉では、今日の所で思ったこと、考えたことなどをノートに箇条書きで二つ以上書いてください。

話し合い

（書き出しノートをもとに話し合う）

◉では、どんな感想が書けたか、どんな考えをもてたか、発表してください。

★大造じいさんは特別なわなをしかけて、がんたちに見破られて、がんたちを見直した。その翌年も、残雪は、大群をひきいてやってきた。私は、がんたちは見とおしの良いところでえさをあさるなんて、残雪は仲間をもう狩人たちには渡さないと思っているのかなと思いました。

★なぜ残雪は、見通しのきく所をえ場にしたのかなと思いました。残雪もかりゅうどたちのすがたが見えやすいけど、かりゅうどたちも、残雪たちのすがたが見えやすくて、ねらわれるしんぱいがあるんじゃないかなと思いました。

★残雪たちに、五俵もたにしをかってきて、それをばらまいて食べさせて、そんな事をしてなにになると思った。でも、大造じいさんのやる事だから何かありそうだと思った。やっぱたにしをたくさんまいておくと、ガンは集まってくるんだと思った。ガンたちは、ただのゴチソウと思って甘くみない方がいいと思った。

★大造じいさんは、前には、まけてしまったけど、もういっかいリベンジして、こんどこそは、残雪をつかまえてやると思いました。大造じいさんのこんどのあたらしいさくせんは、うまくいくかなと思いました。わたしのよそうですが、最初はえさだけをばらまいておいて、それを何日かくりかえして、ゆだんしたところで、わなをしかけてガンをつかまえるんじゃないかなと思いました。

〈そのよく年も大群を率いてやってきた残雪の様子をとらえる〉

本時の内容の確認 読み深め

◉さあ、二章、時はいつですか。
・そのよく年とは、いつの翌年ですか。どんな事のあった翌年ですか。
・さあ、その翌年も、だれは、どうしたのですか。
・大群とは、何ですか。ただの「群れ」などとどう違うのですか。
・そして、率いるとは、どうすることですか。ただ「連れて」などとどう違うのですか。
◉そして、今年も、例によって、残雪、どうしたというのですか。
・見通しがきくとは、どういうことですか。①
・逆に、見通しがきかないって、どういうことですか。
・そして、残雪たち、えさを食べる時、どうして見通しのきく所を選ぶのですか。
・見通しのきかない所では、どうしてえさは食べないのですか。
・これも、何のためなのですか。（仲間を外敵から守るため）

〈タニシを沼地にくり返しまく大造じいさんの様子と気持ちをとらえる〉

◉さあ、大造じいさん、今年はいつから何をどうしておいたというのですか。②
・タニシって何ですか。
・だれにとって、どんなものなのですか。（ガンの好物）
・五俵って、どの位ですか。
・それを大造じいさん、いつから集めておいたというのですか。
・つまり、大造じいさん、いつから何の準備をしてきたということですか。
・それはどうしてですか。残雪たちが来るのは秋なのに、大造じいさん、どうして夏からタニシを五俵も集めたりしてきたのですか。

---

①見通しのきく所～これも残雪が仲間のガンを守るちえである。木や林、やぶなどが近くにあると、そこまで狩人たちや他の外敵がしのび寄ってきて、銃などでねらわれたり、おそわれつ危険性があるのである。

②夏のうちから心がけて～大造じいさんの残雪との闘いは、夏から始まっているということである。

おわりの感想を書く

◉さあ、大造じいさん、夏から集めておいたそのタニシをどこにどうしたのですか。
・そして、さらに、大造じいさん、いつ、どこに、行ってみたのですか。
・すると、結果、どうだったのですか。
・「案の定」とは、どういう意味ですか。
・形跡とはなんですか。
◉さあ、そこで大造じいさん、そのよく日もどうしたというのですか。
・うんとこさとは、どういうことですか。
・大造じいさん、何をうんとこさとまいておいたのですか。
・そして、さらにその次の日も、またその次の日も、どうしたというのですか。
・どうしてくり返し、タニシをうんとこさとまくのですか。
◉さあ、まとめて、大造じいさん、どうして、うんとこさとタニシをまくのですか。
・大造じいさん、今年はどうやってガンを手に入れようというのでしょうか。
・こんな大造じいさんを君たち、どう思いますか。

〈今年の大造じいさんの作戦を考える。〉

◉では、今日の所で思ったこと、考えたことをノートに八〇字以上で書いてください。

★残雪は、大造じいさんが去年しかけたわなに仲間のがん一羽が狩られてしまって、今度こそはつかまらないぞ！　っと、見通しの良い所をえさ場に選んだ。これでもう一羽も仲間が狩られないように、残雪も、周りの危険を去年よりすばやく知り、仲間たちをひなんさせられるのか楽しみです。

★大造じいさんは、今度こそは、がん狩りを成功させるぞ！　と思っていて、二〇〇キログラムぐらいのタニシを、がんの好みそうなところにまいておいたんだと思いました。私は、大造じいさんは、よく、あきらめないで、続けられるなーっと思いました。これも、大造じいさんが仕かけるわなの、第二だんなんだと思いました。早く成功するのか知りたいです。

★去年よりガンの大群は多くなったと思いました。それは、残雪がいるから、ガンたちがほかのガンに教えて「こっちには残雪というたくましいリーダーがいるから、守られて安全なんだ」と言ってよんでいるのかなーと思いました。残雪はこの大造じいさんのわなにきずいているのかなと思いました。油だんしているガンたちのすきをねらって、じゅうやわなでかろうとしている大造じいさんは、よくねばっていると思いました。去年の失敗をくり返さずに今度はうまくいくのかと思いました。

★残雪は、また去年より力づいて、ぬま地にやってきたんだと思った。見通しのきく所だから去年とまたちがう、ぬま地の中の場所にしたんだと思った。人間は、家が作れるけど、鳥のがんは、ぬま地の中に住みついていると、なんか狩人をきにしてるがんたちが、かわいそうに思います。あきらめたら生活できない大造じいさんと、頭領で、仲間を一羽もけずりたくない残雪は、この物語の時代にいなかったらこんな戦いはできなかった。自分だって大造じいさんの立場だったらしとめたいし、残雪の立場だったら仲間を守りたい。そんな関係はこの物語の時代だから成り立つことだと思いました。

2章

②小さな小屋にもぐりこみ、ガンの群れを待つ大造じいさん

ガンの群れは、思わぬごちそうが四、五日も続いたので、ぬま地のうちでも、そこが、いちばん気に入りの場所となったようでありました。

大造じいさんは、うまくいったので、会心のえみをもらしました。

そこで、夜の間に、えさ場より少しはなれた所に小さな小屋を作って、その中にもぐりこみました。そして、ねぐらをぬけ出して、このえさ場にやって来るガンの群れを待っているのでした。


◉四、五日も続けてタニシをまいたその結果に会心のえみをもらす大造じいさんをとらえる。

◉夜の間に小さな小屋を作り、ガンの群れを待つ大造じいさんをとらえる。

◉今年はどうやってガンをとるのか。大造じいさんが新たに考えたガン狩りの方法をまとめる。

※　四、五日も続けてタニシをまいた結果、ガンはそこがいちばんの気に入りの場所になった。その結果に大造じいさんは「会心のえみ」をもらす。会心とは、自分のしたこと、計画がうまくいき、満足に思うことである。笑みとは声を立てず、喜びな

どの気持ちを笑顔に表すことである。今年の計略に対する大造じいさんの自信をこの表現から読みとっていく。

そして、大造じいさんは、夜の間に小さな小屋をつくり、その中にもぐりこみ、ガンを待つのである。さあ、大造じいさんは、今年はどうやってガンをとろうというのか。その方法、計略をここでまとめる。そして、それがうまくいくのか、予想する。

前時の読み

◉はじめます。きのうの所をだれか、読んでください。

本時の音読

◉では、今日は、○頁○行目から、○頁○行目まで読みます。各自、読んでください。

・だれか、読んでください。

書き出し

◉では、今日の所で思ったこと、考えたことなどをノートに箇条書きで二つ以上書いてください。

話し合い

（書き出しノートをもとに話し合う）

◉では、どんな感想が書けたか、どんな考えをもてたか、発表してください。

★ガンたちは何も知らずにうれしがって食べているけど、大造じいさんはそのすきをねらっているので少しこわいと思いました。

★大造じいさんは、すぐにガンをつかまえられるようにと、ちいさな小屋をぬまちのちかくに作ったけど、頭のいいざんせつに、小屋がぬまちのちかくにあるとしられたら、もう残雪たちは、このぬまちにはこなくなってしまうんじゃないかなと思いました。

★大造じいさんは、ざんせつたちがくるのをまっているけど、ざんせつは、そらをとんでいて、小屋があると分かったら、すぐちがうばしょにいってしまうんじゃないかと思った。大造じいさんの会心のえみにはどんな意味がこめられているのかと思った。

★ガンが、大造じいさんがばらまいたタニシとしらずに、まんまとひっかかって食べている。ガンは、大造じいさんの思い通りだと思った。さすがの残雪もやっぱりこれはかなわないのかなぁ？　と思った。

★大造じいさんは、負けずぎらいで、ずるがしこいような頭をしていると思った。逆に残雪は、頭がよくて、みんなを守るとゆう気持ちが強いから、どっちもいい勝負になるんだと思った。

本時の内容の確認 読み深め

〈タニシを続けてまいたその結果に対する大造じいさんの様子や気持ちをとらえる〉

◉さあ、大造じいさんが、タニシをうんとこさ、くり返しまいた結果、ガンの群れは、どうなったというのですか。

・思わぬごちそうとは、ここでは何のことですか。

・「四、五日も続いた」これ、「四、五日続いた」とどう違う。

・そして「そこが」の「そこ」とは、どこのことですか。

・そして、気に入るとはどういうことですか。別の言葉にすると何ですか。

---

①会心～　心にかなうこと、気に入ること、自分の行為がうまくいき満足に思う気持ち

②笑み～　笑うこと、えがおをすること。声を立てないでにっこりする。

◉さあ、その様子に大造じいさん、どう思ってどうしたというのですか。
・「うまくいった。」大造じいさん、何がうまくいったのですか。
・「会心」とはどういう意味ですか。
・そして、笑みとは何ですか。笑うとどう違うのですか。①
・そして「会心の笑みをもらす」とは、どういうことですか。②
・大造じいさん、どうしてここで会心の笑みをもらしたのですか。
・大造じいさん、心の中で何てつぶやいたと思いますか。

〈夜の間に小屋を作り、ガンの群れを待つ大造じいさんの様子や気持ちをとらえる〉

◉さあ、そこで大造じいさん、いつの間に、どこに何を作ってどうしたというのですか。
・小さな小屋とはどんな小屋ですか。（教科書の絵から言ってみてください）
・そして、もぐりこむとは、どうすることですか。入るなどとどう違う。
◉そして、その小屋の中にもぐりこんで、大造じいさん、何をどうするというのですか。
・ねぐらとは、何ですか。③
・ねぐらをぬけ出すとは、だれがどうすることを言うのですか。
・つまり、大造じいさん、小さな小屋にもぐりこんで、いつまでだれを待つのですか。

〈今年の大造じいさんの作戦をまとめる〉

◉さあ、まとめて、大造じいさん、今年はどうするというのですか。
・今年は、どうやってガンをとろうというのですか。
・こんな大造じいさんを君たち、どう思いますか。
・そして、この作戦は、うまくいくんでしょうか。

---

③ねぐら〜　鳥のねるところ。

おわりの感想を書く

◉では、今日の所で思ったこと、考えたことをノートに八〇字以上で書いてください。

★大造じいさんは、自分の思い通りになって、良かったと思いました。けれどガンたちは、このごちそうが、大造じいさんが考えた油断作戦とは知らないと思うので、この後、残雪がどのように仲間たちを指導するのか楽しみです。

★ガンたちや残雪は、四、五日も好物のえさがまいてあったり、近くに小さな小屋が作ってあったり、おかしいと思わなかったのかなと思いました。そのままきずかずにいると大造じいさんにうらをかかれて、うしろからやられてしまうと、おしえてあげたいと思いました。

★大造じいさんは、何もしらない残雪たちにわなをしかけたりしてとるんだろうけれど、そんな事が思いつく大造じいさんは、負けずぎらいだし、やる気もじゅう分あるから、よっぽど去年の事がくやしくて、感心したんだろうなぁと思った。失敗したら、それを次に生かすことのできる大造じいさんは、すごいと思った。きっとガンのむれは今日も気に入りの場所にやってくるんだろうなぁと思った。

★大造じいさんは、どきどきしながら小屋でガンの群れがやってくるのをまっていて、ぼくも大造じいさんは、ガンをちゃんとしとめることができるのかどうかどきどきしながら、ここまで読んでいるので次が楽しみです。でも、ぼくてきには残雪が勝ってほしいです。

2章 ③

りょうじゅうをにぎりしめ、ガンの群れを待つ大造じいさん

あかつきの光が、小屋の中にすがすがしく流れこんできました。

ぬま地にやって来るガンのすがたが、かなたの空に黒く点々と見えだしました。先頭に来るのが、残雪にちがいありません。

その群れは、ぐんぐんやって来ます。

「しめたぞ。もう少しのしんぼうだ。あの群れの中に一発ぶちこんで、今年こそは、目にもの見せてくれるぞ。」りょうじゅうをぐっとにぎりしめた大造じいさんは、ほおがびりびりするほど引きしまるのでした。


◉「情景」の文から、小屋の中で朝をむかえた大造じいさんの気持ちをとらえる。

◉残雪を先頭に、ぬま地にやってくるガンの様子をとらえる。

◉ぐんぐんやってくるガンの群れをむかえる大造じいさんの思いと様子をとらえる。

※ ここでは、まず「情景」の文から、小屋の中で朝をむかえた大造じいさんの気持ちをとらえる。残雪の仲間をうちとろうと、静かに赤く燃えていく大造じいさんの思いを読みとっていく。そして、残雪を先頭にやってくるガンの群れを目前にした大造じいさんの強く、激しい執念、厳しく緊張したその様子をとらえていく。

前時の読み

◉はじめます。きのうの所をだれか、読んでください。

本時の音読

◉では、今日は、○頁○行目から、○頁○行目まで読みます。各自、読んでください。

・だれか、読んでください。

書き出し

◉では、今日の所で思ったこと、考えたことなどをノートに箇条書きで二つ以上書いてください。

話し合い

（書き出しノートをもとに話し合う）

◉では、どんな感想が書けたか、どんな考えをもてたか、発表してください。

★きょねんは、一ぴきしかがんがとれなかったから、ことしこそは、とおもったんだと思うけど、頬がびりびりするまでとろうとするのは、すごいと思った。つきあかりがすがすがしくながれこんでくるころから、朝焼けまでずっとまっていただいぞうじいさんは、すごいとおもう。それほどがんをかりたいのかと思った。

★がんの群れの頭領だから、ガンたちの先頭がわかってるにちがいない。大造じいさんは、かりの名人だけど、次のチャンスはないかもしれないという所は、やっぱりきんちょうとかでひきしまったりするんだなと思いました。群れの中にぶちこまれたら、残雪たちは、どうなってしまうんだろうと思いました。今年は去年よりがんをかるぞという思いを大造じいさんは、たくさん思っていたと思います。
★大造じいさんのさくせんは、大造じいさんが、たにしをばらまいていたえさ場を残雪たちのお気に入りの場所にしておいて、ゆだんしているすきに、残雪たちのむれにむかってりょうじゅうでうってかる方法だったんだなと思いました。でも、残雪のことだから、大造じいさんのつくったこやが見えたとたん、ほかのえさ場に行ってしまうんじゃないかなと思いました。
★大造じいさんの作戦は、りょうじゅうでうつと言う方法だったんだと思った。先頭に立つ残雪でさえも、じゅうにあたってしまうかもしれないから、大造じいさんから見るととれてほしいと思ったけど、残雪から見ると一匹もとれないでほしいので、どっちもおうえんできないような、へんな気持ちになりました。今年こそはと、ひきしまって猟銃をにぎりしめた時は、すごいきんちょうしているだろうなぁと思った。何だか大造じいさんと残雪、どっちからみても、どうなるのか予想もつかないと思った。

本時の内容の確認 読み深め

〈「情景」の文から小屋の中で朝をむかえた大造じいさんの気持ちをとらえる〉

◉さあ、大造じいさん、今、どこにいるのですか。
・何で大造じいさん小屋の中などにいるのですか。
・さあ、その小屋の中に何がどうしてきたというのですか。①
・あかつきとは、いつですか。「あかつき」、別の言葉にすると何ですか。
・そして、さらにあかつきの光といったら、どんな光、どんな様子を思いうかべま

---

①「あかつきの光が、すがすがしく流れこんできました。」
・これも「情景」の文ととらえる。これも大造じいさんの心がとらえた景色である。あかつきとは、東の空が白み始めるころ

すか。夜明けの光などとどう違いますか。
・そして、すがすがしいとは、どういうこと、どんな気持ちですか。
・これ、だれがすがすがしいのですか。
・そして、この文のことを何といいましたか。（情景）
・さあ、この文から、残雪たちを待つ大造じいさんの気持ち、どんなだってわかりますか。今、大造じいさん、どんな気持ちで残雪たち、ガンの群れを待っているのですか。

〈残雪を先頭に沼地にやってくるガンの様子をとらえる〉

◉さあ、その大造じいさんに、何がどう見えてきた。
・「かなたの空」の「かなた」とは、どこですか。
・その先頭にくるのが、だれにちがいないというのですか。
◉さあ、その群れ、さらにどのようにやってくるというのですか。②
・「ぐんぐん」別の言葉にしたら、何ですか。
・「ぐんぐんやってきます。」これ、「ぐんぐんやってきました。」と、どう違いますか。
・そして、ここ、どうして「ぐんぐんやってきます。」なのでしょうか。どうして文末、現在形なのでしょうか。
・この現在形から、だれのどんな気持ちが伝わってきますか。

〈ガンの群れをむかえる大造じいさんの様子と気持ちをとらえる〉

◉さあ、そのぐんぐんやってくるガンの群れを見て、大造じいさんどう思った、何と言ったのですか。③

である。「あかつきの光」と「夜明けの光」では、どう違うのか。しだいに赤く輝き出す太陽の光。それは、残雪との闘いに燃える大造じいさんの心を表す。すがすがしいとは、さわやかで気持ちのよいことである。過去のことは捨て去り、新たな気持ちで残雪にいどむ大造じいさんである。

② 「その群れは、ぐんぐんやってきます。」ここは一行一段落で、他と独立させ、その群れの飛んでくる姿を形として表している。そして、ここでは現在形「ぐんぐんやってきます。」と過去形「ぐんぐんやってきました。」を比べ読みし、その表現内容を読みとっていく。この現在形「ぐんぐんやってきます。」は、残雪を先頭にやってくるガンの群れをリアルに臨場感をもって表すとともに、その姿を見ている語り手と大造じいさんの気持ちの高まり、緊張感を表現している。

③ 「しめたぞ。もう少しのしんぼ

・「しめた」とは、どういうことですか。
・大造じいさん、何がしめたなのですか。
・「もうすこしのしんぼうだ。」大造じいさん、今、何をしんぼうするのですか。
・そして、何をあせってはいけないというのですか。
・そして、あの群れとは、何の群れのことですか。
・「あの群れの中に一発ぶちこむ」大造じいさん、ガンの群れの中に何をぶちこむのですか。
・「ぶちこむ」と「うちこむ」とどう違うのですか。
・そして、さらに「今年こそは」、これ「今年は」とどう違う。
・そして「目にもの見せてやるぞ」とは、どういうことですか。
・大造じいさん、だれに目にもの見せてやるぞというのですか。だれをひどい目にあわせてやる、思い知らせてやるというのですか。
◉さあ、この大造じいさんの言葉の中にくり返されている言葉遣い、表現は、なんですか。（強調表現）
・これらの言葉には、みんな大造じいさんのだれに対するどんな気持ちが強くはいっているのですか。
・さあ、大造じいさん、どうして残雪をこんなに憎むのですか。どうしてこんなに一生けん命になるのですか。
◉さあ、最後、大造じいさん、何をどうしたのですか。
・何のために、りょうじゅうをぐっとにぎりしめたのですか。

うだ。あの群れの中に一発ぶちこんで、今年こそは、目にもの見せてくれるぞ。」
・「しめた」とは、物事が自分の思うとおりになった時に喜んでいう言葉です。「目に物見せる」とは、ひどい目にあわせて思い知らせることです。
「しめたぞ」と、「しめた」、「ぶちこむ」と「うちこむ」、「今年こそは」と「今年は」、「目に物見せてくれるぞ」と「目に物見せてくれる」などの違い。くり返される強調表現から大造じいさんの残雪の仲間をうちとろうとする気持ちの強さ、激しさをとらえていきます。

・じゅうをぎゅっとにぎりしめた大造じいさん、何がどうなったというのですか。
・「ほおがびりびりするほど引きしまる」つまり、大造じいさん、今、心も体もどんな状態なのですか。
・こんな大造じいさんを、君たちはどう思いますか。

おわりの感想を書く

◉では、今日の所で思ったこと、考えたことをノートに八〇字以上で書いてください。

★大ぞうじいさんは、静かに朝まで待っていて、ざんせつたちがやってきたとたんに、こえをはりあげてよろこんだけど、ざんせつはびんかんだから、小屋があると分かったら、ほうこうをかえて、ちがうほうにいってしまうんだと思う。目にものをみせてやる、ことばは、さいしょは分からなかったけど、おどろかすなどのいみがあったのは、はじめてしりました。ぶち込んでやるなどのいきおいがあるから、やるきがつたわってきました。

★大造じいさんは、残雪を先頭とした、がんの群れが見えだした時、今年でがん狩りが最後になるかもしれないというきんきょう感と共に、少しがんたちにすまないという気持ちがあるのかなーっと思いました。早く、狩れたのかしりたいです。

★大造じいさんの、気持ちを強めているのは残雪なので、たぶんこれでとれなくても、大造じいさんは、もっともっと強くなっていくんだと思います。でも、気持ちが大きくなるごとに、こうげきもだんだんはげしくなる大造じいさんを、残雪は、どう思っているんだろうと思った。頭がよいだけじゃどうにもならないこともあるし、とうりょうだから、いじをはっていると、頭以外の問題がはっせいし、狩られてしまうと思います。二人とも、弱点をつきあって、結きょくとってもいい勝負なんだなあと思います。

★大造じいさんは、去年のくつじょくをはたすために、今年もわなをしかけてかろうとしているけど、残雪も仲間はわたさないというういじといじのぶつかり合いだと思いました。さぁ大造じいさんは去年のリベンジなるか楽しみです。

2章

④

沼地の西のはしに着陸する残雪たち「ううん。」とうなってしまう大造じいさん

ところが、残雪は、油断なく地上を見下ろしながら、群れを率いてやって来ました。そして、ふと、いつものえさ場に、昨日までなかった小さな小屋をみとめました。

「様子の変わった所には、近づかぬがよいぞ。」かれの本能は、そう感じたらしいのです。ぐっと、急角度に方向を変えると、その広いぬま地のずっと西側のはしに着陸しました。

もう少しでたまのとどくきょりに入ってくる、というところで、またしても、残雪のためにしてやられてしまいました。

大造じいさんは、広いぬま地の向こうをじっと見つめたまま、

「ううん。」

と、うなってしまいました。

◉昨日までなかった小屋をみとめ、沼地の西のはしに着陸する残雪の行動をとらえる。

◉またしても残雪のためにしてやられ、「ううん。」とうなってしまう大造じいさんの気持ちをとらえる。

※　ここではまず、ゆだんなく群れをひきいてやってくる残雪をとらえます。そして、これも頭領としてガンの仲間を守る姿・行動なのです。残雪は、ガンたちに守られてやってくるのではありません。最善の注意を払いながら、自ら先頭に立ち、仲間を守りながらやってくるのです。

その残雪は、昨日までなかった小屋をみとめ、瞬時の判断で沼地の西側のはしに着陸します。大造じいさんは、またしても残雪のためにしてやられてしまいました。「してやられる」とは、ほかの人の思いどおりにうまくやられることです。ここでは、名狩人である大造じいさんが、またしても、残雪の思いどおりにやられてしまったのです。「ううん。」とは、深く感じたり、考え込んだりした時に発する声だそうです。「うなる」とは、例えば、芝居などで見物人が感動し、声を立ててほめるという意味があるそうです。まさしくこの場面では、大造じいさんが、残雪の行動・判断を見て、深く心動かされ、「ううん。」とうなってしまったのです。

これが二章の結果です。この二章でも大造じいさんの計略は、残雪によって、見破られてしまいました。残雪の注意深さ、判断力のすごさに感心、感動する大造じいさんです。読者は、この大造じいさんとともにこの残雪に対する認識・思いをくり返し体験し深めていくのです。残雪の仲間を守る知恵、判断、行動のすばらしさ、残雪の人物像をしだいに豊かに深くつくり上げていくのです。

前時の読み

◉はじめます。きのうの所をだれか、読んでください。

本時の音読

◉では、今日は、○頁○行目から、○頁○行目まで読みます。各自、読んでください。

・だれか、読んでください。

書き出し

◉では、今日の所で思ったこと、考えたことなどをノートに箇条書きで二つ以上書いてください。

話し合い

（書き出しノートをもとに話し合う）

◉では、どんな感想が書けたか、どんな考えをもてたか、発表してください。

★私はがんがとれた！　と思ったら、残雪が昨日までなかった小さな小屋をみとめ、「様子の変った所に近づかぬがよいぞ」と残雪の本能はそう感じ、急角度に方向を変えてしまった。大造じいさんは、又もや失敗してしまったので、大造じいさんの今の気持ちは、あーっまたまた失敗してしまったと、またがんたちのことを見直したんだと思った。

★やっぱり、残雪の方は、小屋を見つけ、ちがう方向にむかっていった。もう少しで大造じいさんは、りょうじゅうがとどいたのに、と思ってるにちがいありません。

★ざんせつは、にんげんのものかと、はんだんし、すぐかくどをかえて、ちがうばしょにおりたので、はんだんりょくも、すぐれているんだと思いました。

残雪の頭の中はどんな感じになっているか、知りたいです。

またも、ざんせつにやられた大ぞうじいさんは、つぎは、どんなさくせんをするのかとおもいました。

★残雪は、お気に入りの場所も、すきなく全体をみ下ろしながら来たので、どんな事があっても残雪は、気持ちをかえないのですごいと思った。

大造じいさんは、「ううん」とうなってしまったけど、私は、この残雪の強さには、さすがにうなってしまう大造じいさんの気持ちが分からなくもないような気がした。

本時の内容の確認 読み深め

〈油断なくやってくる残雪の様子をとらえる〉

◉さあ、くり返し、大造じいさん、今、どこにいるのですか。

・何をぎゅっとにぎりしめ、何をねらっているのですか。

・さあ、ところが、誰は、どのようにして、やってきたというのですか。

・油断なくとは、どういうことですか。①

・地上とは、ここではどこのことですか。

・見下ろすとは、どうすることですか。

・さあ、残雪、どうして油断なく地上を見ながらくるのですか。

・何のために、残雪は油断しないのですか。

・残雪が油断したら、だれがどうなるのですか。

〈昨日までなかった小屋を認め、沼地の西側のはしに着陸する残雪をとらえる〉

◉さあ、その残雪、ふと、どこに何をどうしたというのですか。

・「ふと」、これ、これ別の言葉にするとなんですか。

---

①油断なく～ガンの群れの先頭を気を許すことなく、十分に注意しながら、やってくる残雪。これも頭領として、仲間の生命を守る残雪の姿、行動である。

②みとめる（認める）～「見る」や「見つける」などとどう違うのか。ここでの「みとめる」は、目にとめる。物の存在を確認する。見て判断する。などととらえたいと思います。言葉の微妙な違い深さを考え、とらえさせたいと思います。

③してやられる～うまくだまされ

・昨日までなかった小屋とは、今、だれがどうしている小屋ですか。
・そして「みとめる」(認める)とは、さらにどういうことですか。ただ「見る」とか「見つける」とどう違うのですか。②
◉さあ、その結果、残雪は、どう感じたらしいというのですか。
・様子の変った所とは、ここではどこのことですか。
・本能とはなんですか。
・そして「感じたらしいのです。」これ「感じたのです」と、どう違うのですか。
・どうして、ここ「感じたらしいのです。」という言い方になるのですか。
(視点の問題、語り手が大造じいさんの方から語っているので)
・さあ、そう感じた残雪、結局、どこにどうしたのですか。
・残雪、どうして、沼地のずっと西側のはしに着陸したのですか。
・そして、それは、大造じいさんにとっては、どんな場所なのですか。

〈またしても残雪のために、してやられた大造じいさんの気持ちを考える〉

◉さあ、結局、大造じいさん、今年は、うまくいったのですか。
・一言、今年は、どうだったのですか。
・もし、たまがとどくきょりまで残雪たちがはいってくれれば、どうだったのですか。
・さあ、またしてもとは、どういうことですか。
・どうして、ここ、「またしても」がつくのですか。
・そして「してやられる」とは、どういうことですか。③
・ここでは、誰がだれにしてやられてしまったのですか。

る。ほかの人の思いどおりにうまくやられる。だまされる。
④うなる(唸る)～深い感動によって声を出す。芝居で見物人が声をたててほめる。感心する。
・この場面では、まさしく大造じいさんが残雪の行動、判断を見て、感心感動したのである。
⑤ううん～深く感心したり、考え込んだりした時に発する声。

おわりの感想を書く

◉最後、大造じいさん、どこを見つめたまま、どうしたというのですか。
・さあ、大造じいさん、今、広い沼地の向こうのだれをじっと見つめているのですか。
・そして、うなるとはどうすることですか。④
・大造じいさん、何とうなったのですか。
・大造じいさん、どうして「ううん。」とうなってしまったのですか。⑤
・大造じいさんのここでの気持ちを言葉にして表せば「ううん。～」なんでしょうか。

◉では、今日の所で思ったこと、考えたことをノートに八〇字以上で書いてください。

★大造じいさんは、はっきりと良くみえるところにこやをつくってしまって、しっぱいしたんじゃないかと思いました。わたしが残雪でも、ほかのぬまちにいくか、残雪とおなじこうどうをとると思います。なんども、わなをみやぶられた大造じいさんは、ムカムカするだろうけれど、なんどもわなをみやぶっている残雪は、すごいスッキリするんだろうなと思いました。

★私は、これまで、このお話を読んできましたが、残雪がこんなにりこうなやつだと強く思ったのは今日の文でした。大造じいさんの考えている気持ち、作戦を見破ったからです。いつどこで何をしていても、けいかいのことを優先させる残雪はすごいと思った。

★残雪の能力は、人間か人間の中の天才にはいって、勉強だってできると思いました。残雪の立場なら、守ったり、生きたい。大造じいさんの立場なら、うったり、かったりしたい。どちらも大切だけど、残雪以外のがんたちは、大造じいさんのことは、こわい。残雪のことは、たよりがいのあるリーダーと思っていて、みんながんの立場なら、人だってそう思うと思います。

★残雪は毎年毎年、大造じいさんに罠を仕掛けられているので、「いちなんさって、またいちなん」だと思いました。でも、そのわなをのりこえて、ずっと生きつづけていることは、すごいと思いました。でも、いつも失敗している大造じいさんが少しみじめに見えました。ガンや残雪、大造じいさんも自分のためや仲間のためにすごくがんばっているなと思いました。

3章

①おとりを使って残雪の仲間をとらえてやろうと考える大造じいさん

3

今年もまた、ぼつぼつ、例のぬま地にガンの来る季節になりました。

大造じいさんは、生きたドジョウを入れたどんぶりを持って、鳥小屋の方に行きました。じいさんが小屋に入ると、一羽のガンが、羽をばたつかせながら、じいさんに飛び付いてきました。

このガンは、二年前、じいさんがつりばりの計略で生けどったものだったのです。今では、すっかりじいさんになついていました。ときどき、鳥小屋から運動のために外に出してやるが、ヒュー、ヒュー、ヒューと口笛をふけば、どこにいてもじいさんの所に帰ってきて、そのかた先に止まるほどに慣れていました。

大造じいさんは、ガンがどんぶりからえを食べているのを、じっと見つめながら、

「今年はひとつ、これを使ってみるかな。」

と、独り言を言いました。

じいさんは、長年の経験で、ガンは、いちばん最初に飛び立ったものの後について飛ぶ、ということを知っていたので、このガンを手に入れたときから、ひとつ、これをおとりに使って、残雪の仲間をとらえてやろうと、考えていたのでした。

◉三章の場面設定をとらえる。
◉二年前につりばりの計略で生けどったガンの様子についてとらえる。
◉今年の大造じいさんの作戦（おとり作戦）をとらえる。

※　ここから三章が始まります。大造じいさんの残雪に対する三度目の挑戦、最後の闘いです。ここでは、まず、三章の時、季節をおさえます。そして、さらに二年前につりばりの計略で生けどったガンと大造じいさんの関係をとらえていきます。例えば、「飛びつく」とは、親愛の気持ちから勢いよく抱きつくことです。「なつく」とは、馴れてつき従うことです。そして、最後に大造じいさんの今年の作戦、大造じいさんは、今年はどのようにしてガンをとらえようというのかを考え、まとめていきます。大造じいさんは、二年前につりばりの計略で生けどったガンをむやみに始末などせず、その時から、このガンをおとりに使おうと考えていたのです。

そして、ここで重要と考えるのが、「残雪の仲間をとらえてやろう」という表現です。「残雪の仲間を」と「残雪を」を比べ読みします。この言葉からもわかるように、大造じいさんは、狩人として、ガンをとらえようとしているのです。けっして残雪をとらえようとしているのではないのです。大造じいさんは、残雪の仲間のガンをとらえようとして、毎年いろいろな方法を考え、挑戦するのです。この物語は、残雪の仲間のガンをめぐっての大造じいさんと残雪との闘いなのです。読者は大造じいさんとともに、身を挺して、自分の仲間を守ろうとする残雪の姿・行動をくり返しとらえ、そこに意味を見出していくのです。

前時の読み

◉はじめます。きのうの所をだれか、読んでください。

本時の音読

◉では、今日は、○頁○行目から、○頁○行目まで読みます。各自、読んでください。
・だれか、読んでください。

書き出し

◉では、今日の所で思ったこと、考えたことなどをノートに箇条書きで二つ以上書いてください。

話し合い

（書き出しノートをもとに話し合う）
◉では、どんな感想が書けたか、どんな考えをもてたか、発表してください。

★大造じいさんは二年前かった一羽のガンをまだ持っていました。そのガンは大造じいさんになついてしまい、ずっと信ようしていましたが、大造じいさんはこのガンをおとりに使って、残雪たちをつかまえようとしていました。最初の方は大造じいさんはいい人だと思っていましたが、だんだんこわくなってきました。

★大造じいさんは、このガンをつかって残雪をつかまえるという方法にとりかかったけど、ずっと自分たちを守ってくれていた残雪のあとではなく、この大造じいさんのかいならしていたガンに、あっさりとついていってしまうのかなと思いました。でも、おとりのガンがとびたっても、きっと仲間のガンたちは自分たちを守ってくれていた残雪についていくと思います。

★私は、二年前、じいさんがつりばりの計略で生けどったがんが、今ではじいさんになついていると聞いて、大造じいさんは、がんといられて良いのか。反対にがんは、残雪やほかのがんたちといなくて良いのか、私が両方の立場であったら、いっしょにもいたいけど、がんの立場だったら、もちろん仲間のところへ行ってしまいます。ガンも、二年という年月がたってやっとなれたのだと思います。

★前に取ったがんを売らずにとっておいたのは、ちょっとびっくりしました。なぜかというと、ここ数年取れなかったがんが一匹でもとる事ができたので、その喜びは、ちょっとやそっとじゃ表せないようなことかと思ったからです。でも、そんな時も、次の事を考えているのはすごいと思いました。大造じいさんは、そのなれたガンを今年は使ってみると言っているけど、どのように使うのかなあと思いました。

本時の内容の確認 読み深め

〈三章の場面設定をとらえる〉

◉三章、時はいつですか。

・この物語では、何年目ですか。

・そして、ガンのくる季節とは、一年のうちのいつですか。

〈二年前に生けどったガンの様子についてとらえる〉

①計略～　はかりごと、工夫、策略

②「今年㋩、ひとつ～」～「今年㋲」と比べて考える。助詞㋩は、

◉さあ、大造じいさん、何を持って、どこにどうしたというのですか。
・そして、大造じいさんが小屋に入ると、何がどうしてきたというのですか。
・「飛びついてきました。」とは、どういうことですか。例えば、飛んできましたなどと、どう違うのですか。
◉さあこのガン、いつ、だれが、どうしたものだというのですか。
・計略とはなんですか。①
・つりばりの計略とは、どんな計略だったのですか。
・そして、生けどるとは、どうすることですか。
・それが、今では、だれにどうなっているというのですか。
・さらになつくとは、どういうことですか。
・二年前に生けどったガン、大造じいさんにどのようになついているというのですか。
・つまり、大造じいさん、二年前に生けどったガンをあれからこれまでどうしてきたということですか。

〈大造じいさんの今年の作戦をとらえる〉

◉さあ、大造じいさん、そのガンを見つめながら、何と言ったのですか。
・これとは、何のことですか。
・そして、「今年ⓗ」「今年ⓜ」とどう違う。②
・ここ、どうして、今年ⓗになるのですか。
◉さあ、大造じいさん、このガンを手に入れた時から、どうしてやろうと考えていた

物事をとりたてて言う場合に使われる。述語を明示する場合に使われる。

というのですか。

・おとりに使うとは、どうすることですか。

・そして、それはどうしてだというのですか。

◉さあ、くり返し、大造じいさん、二年前に生けどったガンをおとりに使って、何を、だれをとらえたいのですか。

・「残雪の仲間を」とはだれのことですか。これ「残雪を」とどう違うのですか。

・さあ、大造じいさん、どうして、残雪の仲間をとらえたいのですか。

・そのために、これまで大造じいさん、だれと闘ってきたのですか。

・そして、その結果は、去年もおととしもどうだったのですか。

◉さあ、まとめて、大造じいさんの今年の作戦、それは、どんな作戦なのでしょうか。

おわりの感想を書く

◉では、今日の所で思ったこと、考えたことをノートに八〇字以上で書いてください。

★大造じいさんの三年目の作戦は、おとりのがんを使ってかる作戦だけど、その作戦ではがんが、元の残雪たちの群れに帰ってしまうのではないかと不安に思いました。でも、そこはベテラン狩人の大造じいさんとの二年間で、あなうめできるのかと思いました。

★大造じいさんは、りょうじゅうをやめ三年もわなをしかけ続けてきているので、あきらめない気持ちがすごくつたわってきました。そして今、残雪は二年前かられた仲間が生きていると思ってなかったと思うし、その仲間がおとりにとられると少し判だんしにくいと思いました。仲間のガンを助けにいった所で大造じいさんにかられてしまうかもしれないし、仲間をみすてることもできない。きわどいところです。残雪がどうするか楽しみです。

★大造じいさんは、二年前に生けどったがんをおとりに使うみたいだけど、どんなに最初に飛び立った者の後についてゆくしゅうせいがあっても、残雪が最初にとびたたないと仲間はついて行かないと思いました。その理由は、仲間のがんは、残雪を信用しているし、がんの頭領と認めているからです。もし、二年前にじいさんが生けどったがんに仲間のがんがついていったとしても、残雪が「あっ」と思って連れもどすと思います。

3章

② 飼い慣らしたガンをえさ場に放ち、ガンの群れを待つ大造じいさん

さて、いよいよ残雪の一群が今年もやって来たと聞いて、大造じいさんは、ぬま地へ出かけていきました。

ガンたちは、昨年じいさんが小屋がけした所から、たまのとどくきょりの三倍もはなれている地点を、えさ場にしているようでした。そこは、夏の出水で大きな水たまりができて、ガンのえが十分にあるらしかったのです。

「うまくいくぞ。」

大造じいさんは、青くすんだ空を見上げながら、にっこりとしました。

その夜のうちに、飼い慣らしたガンを例のえさ場に放ち、昨年建てた小屋の中にもぐりこんで、ガンの群れを待つことにしました。


◉今年もまた、沼地にやってきた残雪の一群の様子をとらえる。

◉残雪たちの様子を見た大造じいさんの思い（確信）をとらえる。

◉今年は、どのようにしてガンをとるのか、大造じいさんの今年の作戦をまとめる。

※ ここでは、まず今年もまたやってきた残雪の一群の様子をとらえる。たまのとどくきょりの三倍もはなれた地点をえさ場にする残雪たち。そこは夏の出水でガン

のえが十分にあるらしいのです。そして、ここにも残雪の仲間を守るための知恵が働いている。仲間の食料を確保し、仲間の安全、仲間の生命を守る残雪の知恵を読みとっていく。

そしてさらに「うまくいくぞ。」「青くすんだ空」「にっこり」など、このガンたちの様子を見ての大造じいさんの言葉や態度から今年の作戦に対する大造じいさんの思いをとらえていく。「青くすんだ空」これも情景ととらえる。にごりのない晴れやかな空。残雪との闘いを前に、はればれとしてすっきり明るい心境の大造じいさんである。今年の作戦に対する大造じいさんの確信を表すものとしてとらえていく。

前時の読み

◉はじめます。きのうの所をだれか、読んでください。

本時の音読

◉では、今日は、○頁○行目から、○頁○行目まで読みます。各自、読んでください。

・だれか、読んでください。

書き出し

◉では、今日の所で思ったこと、考えたことなどをノートに箇条書きで二つ以上書いてください。

話し合い

（書き出しノートをもとに話し合う）

◉では、どんな感想が書けたか、どんな考えをもてたか、発表してください。

★残雪たちは、去年大造じいさんが建てた小屋をけいかいして、去年より三倍はなれたえさ場をえらびました。だけど、大造じいさんは遠くにはなれても、よゆうのひょうじょうでにっこりわらっているので、今年は成こうする自信があるのかなと思いました。

★私は、がんたちは、昨年じいさんが小屋がけした所から、たまのとどくきょりの三倍もはなれている地点をえさ場にしていると聞いて、これも、あの残雪が仲間をゆうどうさせたのだと思いました。大造じいさんは、「うまくいくぞ。」と、青くすんだ空を見上げながらにっこりとしました。私は、昨年の大造じいさんとは少しちがうなーっと思いました。昨年は、頬がびりびりするほどひきしまっていて、きんちょうしていたけど、今年はにっこりとしていて、きんちょうの表情をぜんぜん表していないので、大造じいさんは、よゆうなのかなと思った。

★飼いならしたガンを、残雪たちがくるまえにぬまちに放っておいたら、残雪は、おかしいなと思うんじゃないかと思いました。それに、昨年作ったこやから、たまのとどくきょりの三倍もはなれたところをえさ場にしているなんて、やっぱり残雪はすごいなと思いました。大造じいさんのこんどのさくせんはうまくいくのかたのしみです。

★残雪たちは、去年の事を覚えていて、たまのとどく所の三倍にしたのか、それともえさがたくさんだからそうしたのかどっちだか分からないけど、私は、両方だと思います。なぜかと言うと、残雪は、みんなを守るとゆうじゅうだいなせき任があると分かっていそうだし、しかもえさがあればとてもいい場所だとおもったんじゃないかなぁ、と思います。
大造じいさんは、「うまくいくぞ。」と青空を見上げながら言った。私はぜったいにうまく行く自信があるんだと思う。そして、その自信で今年こそうまくいってほしいと思った。でも、残雪がこの事にどう立ち向うのかも楽しみだ。

本時の内容の確認 読み深め

◉さあ、いよいよ、今年も、だれが、何がやってきたというのですか。
・一群とはなんですか。
・「残雪の一群」とは、どういうことですか。
・「残雪の一群」、ただ「ガンの群れ」とどうちがうのですか。①
・そして、この沼地にやってくるガンの群れのことをどうして、「残雪の一群」と言うのですか。

〈今年もまた沼地にやってきた残雪の一群の様子をとらえる〉

◉さあ、大造じいさん、残雪の一群が今年もやってきたと聞いてどうしたのですか。
・そして、その大造じいさんの目に見えたガンたちの様子、今年はどんなだというのですか。
・昨年、大造じいさん、何のために小屋を作ったのですか。
・そして「三倍も」、これただ「三倍」とどう違う。②
・ガンたち、どうして昨年じいさんが小屋がけした所から、たまのとどくきょりの三倍もはなれた所をえさ場にするのですか。
・どうして、ガンたち、大造じいさんがたてた小屋からそんなにはなれるのですか。

---

①「残雪の一群」〜三章冒頭のガンの紹介である。一章では、ただ「ガンの群れ」であり、二章では「大群」であり、この三章では、「残雪の一群」である。これらはみな沼地にやってくるガンの群れに対する語り手、大造じいさんの認識を表す。助詞「の」は、所有を表す「の」である。ここでは、なぜ、ガンの群れのことを「残雪の一群」というのか、考えさせたい。

②ここでは、助詞「も」が二通りに使われている。「今年もやってきた」の「も」は並列の「も」である。一昨年も、去年も、今年も残雪は、ガンの群れを率いて沼地にやってきたのである。「三倍もはなれた」の「も」は、強調の「も」

・そして、さらにガンたち、どうしてそこをえさ場にしているというのですか。
・つまり、ガンたちにとって、そこはどういう場所なのですか。（安全で食料がたくさんある。）

〈残雪たちの様子を見た大造じいさんの思いをとらえる〉

◉さあ、このようなガンたちの様子を見て、大造じいさん、何と言って、どうしたというのですか。
・大造じいさん「何がうまくいくぞ」なのですか。
・「青くすんだ空」とは、どんな空ですか。
・そして、このような文のことを、やはり何というのですか。（情景）
・そして、この「青くすんだ空」という言葉には、だれの心、気持ちが表されているのですか。
・さあ、この「青くすんだ空」という表現から大造じいさん、残雪との闘いを前にして今、どんな気持ちだとわかるのですか。
・そして、さらに大造じいさん、ガンたちのこの様子を見て、どうしてにっこりとしたのですか。

〈今年の大造じいさんの作戦をまとめる〉

◉さあ、最後、大造じいさん、いつ、何をどこにどうしたというのですか。
・例のえさ場とは、どこですか。
・そして、大造じいさんもどこにもぐりこんで、何をどうすることにしたのですか。
・さあ、まとめて、大造じいさん、今年は、どうやってガンをとらえようというの

であり、前の語句「三倍」を強めている。そして、この「たまのとどくきょりの三倍もはなれた」ととらえているのは大造じいさんである。そして、さらにここでも残雪の仲間を守るための知恵を読み取っていく。たまのとどくきょりの三倍もはなれた地点をえさ場にする残雪。仲間の安全、仲間の生命を守るために知恵を働かせる残雪をとらえていく。

ですか。

おわりの感想を書く

◉では、今日の所で思ったこと、考えたことをノートに八〇字以上で書いてください。

★せっかく大造じいさんになついたガンが、大造じいさんにりようされているとしったら、きっとかなしむだろうなと思いました。大造じいさんも、残雪や残雪の仲間がかれるといいけど、残雪にもがんばってほしいです。でも、残雪は、このさくせんで一あしはやくおとりのガンよりさきにとびたってにげてしまうと思います。

★がんは、本当に、残雪が率いるがんの群れを、大造じいさんのりょうじゅうの玉がとどくところまで、連れてくることができるのか。大造じいさんは、よゆうな表情であるが、心の中ではきんちょう感があるんだと思いました。三年目、三回目の大造じいさんの狩りは、成功するのか。それかまた、残雪に負けてしまうのか。私は、今まで一人で考え、実行してきた大造じいさんが、今年は、一羽のがんをおとりにする作戦が成功するのか早く先をしりたいです。

★大造じいさんの、自信満々の「うまくいくぞ」とは、うらはらに、自分的には残雪は、帰って来た仲間に気づき不思議に思って、大造じいさんが口笛を吹く前に、残雪が飛び立っていくのではないかと思います。でも、この作戦も成功してほしいし、残雪たちがんの群れも、助かってほしいです。

★私は、大造じいさんがうまくいく自信があると分かってちょっとうれしかったです。なぜかというと、大造じいさんは、今までガンを一匹しかしとめなくて、なんか勝負をあきらめかけたようなかんじだったからです。でも、今回は、自分の気持ちを全部はきだして勝負にのぞんでいるような気がした。三度目の正直で、自信いっぱいの大造じいさんがかつか、頭脳で勝負、仲間を守るせき任を残雪がなしとげるか、ぜんぜん分かりません。大造じいさんの立場だと、とれてほしいけど、残雪からみるととられたくないので、なんかどっちをおうえんしたらいいのか、分からなくて、とにかく結果だけがものすごく気になります。なんか、今までで、一番見ごたえがありそうだと思います。

3章

3

最後の戦いを前に残雪に対して激しく執念を燃やす大造じいさん

「さあ、いよいよ戦とう開始だ。」

東の空が真っ赤に燃えて、朝が来ました。

残雪は、いつものように群れの先頭に立って、美しい朝の空を、真一文字に横切ってやって来ました。

やがて、えさ場に下りると、グワア、グワアというやかましい声で鳴き始めました。大造じいさんのむねは、わくわくしてきました。しばらく目をつぶって、心の落ち着くのを待ちました。そして、冷え冷えするじゅう身をぎゅっとにぎりしめました。

じいさんは目を開きました。

「さあ、今日こそ、あの残雪めにひとあわふかせてやるぞ。」


◉闘いの炎を真っ赤に燃やして、朝をむかえた大造じいさんをとらえる。

◉美しい朝の空を真一文字に横切ってやってきた残雪たちの様子をとらえる。

◉ガンたちの様子を見て、今日こそ、ひとあわふかせてやるぞと残雪への執念を燃やす大造じいさんをとらえる。

前時の読み

◉はじめます。きのうの所をだれか、読んでください。

本時の音読

◉では、今日は、○頁○行目から、○頁○行目まで読みます。各自、読んでください。

・だれか、読んでください。

書き出し

◉では、今日の所で思ったこと、考えたことなどをノートに箇条書きで二つ以上書いてください。

話し合い

（書き出しノートをもとに話し合う）

◉では、どんな感想が書けたか、どんな考えをもてたか、発表してください。

★さあ、いよいよ、せんとうかいしだと言うものだから、やっぱりやるきがあるんだと思った。真一文字に来たのだから、残雪も大造じいさんのことを、わかっているのかと思った。

大造じいさんの胸は、わくわくしている。めをつぶれば、心をおちつかせられるのは、すごいと思った。

★「さあ、いよいよ、戦とう開始だ。」東の空が真っ赤にもえて朝がきました。私は、この一文には、大造じいさんの力強い気持ちと、「残雪め、今日こそ、やっちまうぞ。」というやる気満々の気持ちが入っているような気がしました。

★なんだか、これまでのさくせんだと、残雪がかつとよそうできたけど、この作戦は、どちらがかつかわからないので、すごくいいしょうぶになりそうだなと思いました。

★もうすこしで残雪たちがとれるぞと思っていた大造じいさんは、むねがわくわくしてしょうがなかった。それほどに自信があるなら私も今回は成功する？　と思ってしまった。きっと早くとりたくてむずむずしているんだと思う。でも、大造じいさんがむねをわくわくさせる気持ちは、自信があるし、なによりヤル気があるので、そうなったんだと思った。何も知らない残雪は、けいかいしていても、やられてしまうのか心配だ。

本時の内容の確認読み深め

〈会話・情景文から、朝をむかえた大造じいさんの気持ちをとらえる〉

◉さあ、大造じいさん、今、どこにいる。
・大造じいさん、いつ小屋にもぐりこんで今、だれを待っているのですか。
・そして、今日の場面、一言いつですか。（朝）
・さあ、この日、大造じいさんがむかえた朝、それはどんな朝だというのですか。①
・さあ、空が燃えるとはどういうことですか。
・そして、「東の空が真っ赤に燃える」って、どんな様子ですか。
・そして、この文もやはり、だれの何を表現しているのですか。
・ああ、ここから大造じいさん、朝をむかえて今、どんな気持ちなのですか。
・大造じいさん、今、だれに、何に心を真っ赤に燃やしているのですか。
◉さあ、真っ赤に燃えて朝をむかえた大造じいさん、一言、何だと言うのですか。
・戦うとは、何ですか。戦とう、別の言葉にすると何ですか。（闘いなど）②
・大造じいさん、これからだれと戦とうなのですか。

---

①「東の空が真っ赤に燃えて、朝が来ました。」～「空が燃える」とはどういうことなのか。「空が真っ赤に燃える」とは、どんな様子なのか。これも「情景」ととらえる。この「戦闘」にかける大造じいさんの思いを表す。「真っ赤に燃えて」～ガンを待ちながら、次第に闘争心を燃え上がらせてきた大造じいさん。残雪の仲間を何としてもとらえてやろうとする大造じいさんの執念が表現されている。

②「戦とう（闘）」～武器をもって敵と戦うこと。特に敵をたおそうと攻撃を繰り返す行動のこと。

・残雪と闘って何をどうしようと言うのですか。

・さあ、残雪の仲間をとらえること、それが、大造じいさんにとって、どうして戦とうなのですか。どうして狩りではないのですか。

〈美しい朝の空を真一文字に横ぎってやってきた残雪たちの様子をとらえる〉

◉さあ、そんな大造じいさんが待つ沼池に向かって、残雪は、どのようにやってきたのですか。

・「美しい朝の空」とは、ここではやはり、どんな空を思い浮かべますか。

・その空を「真一文字に横切る」とは、どうすることですか。どんな様子ですか。

・そして、その先頭に立ってやってくるのが、だれなのですか。

・どうして残雪、いつも先頭に立ってやってくるのですか。

・そして、ガンたち、どこにおりて、どうしたというのですか。

〈ガンたちの様子を見て、「今日こそ」と執念をもやす大造じいさんをとらえる〉

◉そんなガンたちを見て、大造じいさんの胸は、どうなった。

・胸がわくわくするとはどういうことですか。

・どうして、今、大造じいさん、胸がわくわくなのですか。

・そこで、大造じいさん、どうしたのですか。

・大造じいさん、どうして、心を落ち着かせるのですか。

・心を落ちつかせた大造じいさん、そして、何をどうしたのですか。

・銃身とは何ですか。

・大造じいさん、なぜ、何のために銃身をぎゅっとにぎりしめたのですか。

残雪の仲間を捕らえることを、戦闘ととらえる大造じいさんである。残雪の仲間をとらえることを大造じいさんは、なぜ、ただ「狩り」とは言わずに「戦闘」と言うのか考えさせたい。この言葉に今年の作戦にかける大造じいさんの思い、決意が表現されている。

③「さあ、今日こそ、あの残雪めにひとあわふかせてやるぞ。」

「こそ」「め」「ぞ」くり返される強調表現。くり返しは強調である。「今日こそ」「今日この時にかける大造じいさんの強い思い。「あの残雪め」これまでくり返してやられてきた残雪に対する憎しみ。「め（奴）」は、ものの名に添えて見下げていう言葉。「ひとあわふかせてやるぞ」今年の作戦にかける大造じいさんの思い・自信。ひとあわふかせるとは、相手の予想外のことをし、意表をついて、驚きあわてさせること。

　この会話文には、残雪に対する大造じいさんのこれまでの思い、今日この日のこの闘いにかける執念が集約的に表現されている。

おわりの感想を書く

◉さあ、最後、銃身をにぎりしめた大造じいさん、何をどうしたのですか。そして、何と言ったのですか。

・「今日こそ」と「今日」とでは、どう違う。③

・「あの残雪」とは、どの残雪ですか。「あの」の指す内容は何ですか。

・そして、さらに「あの残雪め」と「あの残雪」とでもどう違うのですか。

・そして、大造じいさん、残雪のことをどうして「あの残雪め」などとよぶのですか。

・そして「ひとあわふかせる」とはどうすることですか。

・さあ、まとめて、大造じいさん、どうして「今日こそ、あの残雪めにひとあわふかせてやるぞ」なのですか。

◉では、今日の所で思ったこと、考えたことをノートに八〇字以上で書いてください。

★今年の戦いは、いつもと何かがちがうかんじがしました。いつもは、大造じいさんがわなをしかけてかろうとしてことが分かるけど、今年は大造じいさんのおもいまで伝わってきました。「毎年、毎年、やられているわけにはいかない」というかんじがしました。

★さあいよいよ戦闘だの所から、すべてをかけたしんけんなぶつかりあいのしょうぶのようなものをかんじました。とりとしんけんしょうぶ？　とほかのクラスの人たちは、おもうかもしれないけど、私はいけんをだしあってのけっかだから、そのいみがわかりました。今日、よんだ文は、力づよさとか、もえたたせる文だと思いました。とりにひとあわふかせてやるという、人はいないと思いますが、私は、だいぞうじいさんの心を、もっとかんがえたいです。

★大造じいさんの戦とう心に火がついて、真っ赤な朝を向かえ、にえたぎるようなヤル気で戦いにいどむ大造じいさんは、仕事というより狩人のベテランとしてのプライドの勝負なので、大造じいさんは、かなり本気だと思います。このままにしておくと、残雪も、本気で戦わなければ負けてしまいそうだと思います。あと、大造じいさんがいまいましい人をやっつけるというときのわくわくは、こわくもあるがぜったいに勝つという思いからくるので、ぜったいのヤル気や自信がかんじられました。

★大造じいさんの熱気が伝わり、新しい、戦とうや真一文字などの力強さの伝わる言葉がたくさん出て来ました。大造じいさんの今の気持ちは、やかましい声さえも、わくわくする気持ちを、おさえきれないようにしてしまっているから、この後の場めんが大造じいさんが勝つか、残雪が勝つか楽しみです。

★大造じいさんは、残雪との戦とうに、やるき満々、熱がある。私はこの戦とうに、大造じいさんが、勝利するのか。残雪が勝利するのか。くちびるを二、三回ぬらして、戦とうにいどむなんて、今年は私たち読者たちも、この戦いの一員のような気がします。

3章

④ハヤブサの襲撃　残雪に導かれ、すばやい動作で飛び去っていくガンの群れ

くちびるを二、三回静かにぬらしました。そして、あのおとりを飛び立たせるために口笛をふこうと、くちびるをとんがらせました。と、そのとき、ものすごい羽音とともに、ガンの群れがいちどにバタバタと飛び立ちました。

「どうしたことだ。」

じいさんは、小屋の外にはい出してみました。

ガンの群れを目がけて、白い雲の辺りから、何か一直線に落ちてきました。

「ハヤブサだ。」

ガンの群れは、残雪に導かれて、実にすばやい動作で、ハヤブサの目をくらましながら飛び去っていきます。


◉いちどにバタバタと飛び立つガンたちの様子をとらえる。

◉ガンの群れを目がけて、一直線に落ちてきたハヤブサについてとらえる。

◉残雪に導かれ、実にすばやい動作で飛び去っていくガンの群れの様子をとらえる。

※　今日こそ残雪の仲間をとらえてやろうと執念を燃やす大造じいさん。その眼前で予期せぬ出来事が出来《しゅったい》する。ハヤブサの襲撃である。ハヤブサにとってガンは何

なのか。ガンたちにとってハヤブサはどんなものなのか。

この危機的状況の中ではじめはバタバタとしていたガンたちであるが、残雪に導かれて実にすばやい動作でハヤブサの目をくらましながら飛び去っていきます。「実にすばやい動作」「目をくらましながら」すばやい判断と行動、その巧みさ。のろのろしていてはいけない。しかし単に速さだけでは、スピードにまさるハヤブサから仲間のガンを守ることはできないのです。

ここでも天敵ハヤブサから仲間のガンを守る残雪の姿。残雪の秀れた能力・知恵を読みとっていくのです。

前時の読み

◉はじめます。きのうの所をだれか、読んでください。

本時の音読

◉では、今日は、○頁○行目から、○頁○行目まで読みます。各自、読んでください。

・だれか、読んでください。

書き出し

◉では、今日の所で思ったこと、考えたことなどをノートに箇条書きで二つ以上書いてください。

話し合い

（書き出しノートをもとに話し合う）

◉では、どんな感想が書けたか、どんな考えをもてたか、発表してください。

※ここは、子どもの感想はありません。

本時の内容の確認読み深め

◉さあ、「くちびるを二、三回静かにぬらしました。」これ、だれがくちびるを二、三回静かにぬらしたのですか。

・大造じいさん、何をどうするために口びるを二、三回ぬらしたのですか。

・さあ大造じいさん、あのおとりのガンを飛び立たせてどうするのですか。

〈バタバタと飛び立つガンたちの様子をとらえる〉

◉と、その時、何がどうしたというのですか。

・ものすごい羽音とは、どんな音でしょうか。

・そしてバタバタと飛び立つとは、どうすることですか。一斉に飛び立つなどと、どう違うのですか。（ガンたちの混乱した様子をとらえる）①

〈ガンの群れを目がけて落ちてきたハヤブサについてとらえる〉

◉さあ、大造じいさん、その音を聞いて、その様子を見て、何と言ってどうしたのですか。

・さあ、そこで大造じいさんが見たこと、それは、どんなことだったのですか。

・目がけるとは、どういうことですか。②

・ガンの群れを目がけてとは、どういうことですか。

・そして「一直線に落ちてきました」とは、どんな様子ですか。「一直線に飛んできました」などとどう違うのですか。

◉さあ、ガンの群れを目がけて一直線に落ちてきたもの、それは何だったのですか。

・ハヤブサとは何ですか。

---

①バタバタ～声喩である。ここでは、擬態語でもあり、擬音語でもある。ガンたちがハヤブサの不意の襲撃を受け、あわて取り乱した様子とその飛び立つ音を表す。

②目がける～目をつけてねらう。目標にする。目標に向かって、まっしぐらに、激しくである。

③「実にすばやい動作で、ハヤブサの目をくらましながら」～すばやい判断と行動、ハヤブサの直線的な速さ・動きに対しておそらく蛇行しながら？　ハヤブサの目をくらましながら飛び去っていくガンの群れ。ここでも、天敵ハヤブサから仲間のガンを守る残雪の姿が見られます。残雪の秀れた知恵・能力が発揮されています。

④飛び去っていきます。～現在形の文末。過去形「飛び去っていきました。」と比べ読みをする。ここでの現在形は、読者にガンの群れが飛び去っていく様子を明示し、印象づけ、この場面に臨場感

・ハヤブサ、なぜ、何のためにガンの群れめがけて、落ちてきたのですか。
・さあ、ハヤブサにとってガンは何なのですか。
・反対にガンにとってハヤブサは、何なのですか。
・つまり、ガンたちにとって、今、どういう状況なのですか。（危機的状況）

〈残雪に導かれて、すばやく飛び去っていくガンの群れの様子をとらえる〉

◉さあ、そんな状況の中、ガンの群れ、今、だれに導かれて、どうしていくというのですか。
・すばやい動作とは、どういうことですか。③
・実にすばやい動作とは、どういうことですか。
・そして、ただすばやいだけでなく、さらにガンたち、どのようにしながら飛び去っていくというのですか。
・目をくらますとは、どうすることですか。
・ガンたち、だれの目をくらませながら飛び去っていくのですか。
・そしてそれって、どんな飛び方なのでしょうか。どうするんでしょうか。
・そして、ガンたち、どうして目をくらませながら飛んでいくのですか。（速さでは、ハヤブサにかなわないから）
・そして、「飛び去っていきます。」ガンたち、どこからどこへ飛び去っていくのですか。④
・そしてさらに「飛び去っていきます。」これ「飛び去って行きました。」と、どう違うのですか。（現在形）

を与えている。また、このガンたちの様子を見ている大造じいさんの驚きをも表す。えもののガンが飛び去っていってしまうこと。残雪に導かれたガンの群れの行動のすばやさ・巧みさに対する大造じいさんの感動をも表している。

⑤導く～　道案内をする。道の行く手を教える。好ましい方向に教え示す。

おわりの感想を書く

・さあ、この現在形から、この残雪たちの様子を見ている大造じいさん、今、どんな気持ちなんでしょうか。

◉さあ、今日の所、はじめは、ガンたち、どうのように飛び立ったのですか。（バタバタ）

・それが、今、ガンたち、どうしていくというのですか。（実にすばやく、ハヤブサの目をくらませながら、整然と一つにまとまって飛び去っていく。）

・そして、それはどうしてなのですか。ガンたち、もしのろのろしていたら、どうなのですか。

・さあ、これも、だれに導かれてなのですか。⑤

・そして導くとは、どうすることですか。教えるなどと、どう違うのですか。

・ここでも残雪、だれからだれを守るためにだれを導いていくのですか。

◉では、今日の所で思ったこと、考えたことを八〇字以上でノートに書いてください。

※ここは、子どもたちの感想がありません。先生方の実践から生まれた子どもたちの感想を送ってください。

3章

5

逃げおくれたおとりのガンにおそいかかるハヤブサ　舞いもどってきた残雪

「あっ。」

一羽、飛びおくれたのがいます。

大造じいさんのおとりのガンです。長い間飼い慣らされていたので、野鳥としての本能がにぶっていたのでした。

ハヤブサは、その一羽を見のがしませんでした。

じいさんは、ピュ、ピュ、ピュと口笛をふきました。

こんな命がけの場合でも、飼い主のよび声を聞き分けたとみえて、ガンは、こっちに方向を変えました。

ハヤブサは、その道をさえぎって、パーンと一けりけりました。

ぱっと、白い羽《う》毛があかつきの空に光って散りました。ガンの体はななめにかたむきました。

もう一けりと、ハヤブサがこうげきのしせいをとったとき、さっと、大きなかげが空を横切りました。

残雪です。

大造じいさんは、ぐっとじゅうをかたに当て、残雪をねらいました。が、なんと思ったか、再びじゅうを下ろしてしまいました。

◉飛びおくれたおとりのガンの様子をとらえる。
◉逃げおくれたおとりのガンを攻撃するハヤブサの様子をとらえる。
◉舞いもどった残雪についてとらえる。
◉舞いもどった残雪に対する大造じいさんの態度、気持ちをとらえ、考える。

※　逃げおくれたおとりのガン。おそいかかるハヤブサ。飛び散る羽毛。おとりのガンのピンチ。さらにハヤブサがとどめの一撃を加えようとしたその時、空を横切った大きな影。前時では、すばやく巧みにガンの群れを安全地帯に導いた残雪。その残雪が仲間のガンを守るために再び舞いもどってきたのである。自らも安全な所に逃れたはずの残雪が、再び自分を死地に陥れるのである。

その残雪に銃を向ける大造じいさん。が、再びその銃をおろしてしまう大造じいさん。大造じいさんの心の変化。これまで憎しみの思いを募らせてきた大造じいさんの中に、ここで残雪に対するどんな思いが生まれたのか。それはなぜなのか。大造じいさんの心の転換がここから始まる。残雪に対するより深い認識が生まれていく。

前時の読み

◉はじめます。きのうの所をだれか、読んでください。

本時の音読

◉では、今日は、○頁○行目から、○頁○行目まで読みます。各自、読んでください。

・だれか、読んでください。

書き出し

◉では、今日の所で思ったこと、考えたことなどをノートに箇条書きで二つ以上書いてください。

話し合い

（書き出しノートをもとに話し合う）

◉では、どんな感想が書けたか、どんな考えをもてたか、発表してください。

★二年間も飼いならされて、野鳥としての本能は、にぶらないわけがないと思いました。でも、さすがリーダー自分も命がけなのに仲間を助けるのは、すごかったと思います。

★大造じいさんには、予想外のてんかいだったと思いました。もう少しでうまくいきそうだったのに、ハヤブサがガンたちをおそったので作せんが失敗してしまい、ガンにもにげられてしまったと思いましたが、残雪だけにげずに飛びおくれた仲間を助けに行ったので、やっぱり残雪は一ぴきのガンもみすてずに行動するやつだと思いました。

★残雪は、自分がはやぶさのエサになってしまうかもしれないのに、仲間をたすけにくるなんて、残雪は、やっぱり、頭りょうにふさわしいガンだなと思いました。今、残雪が頭りょうじゃなかったら、一羽ぐらい、はやぶさのエサになっていたんじゃないかなと思いました。

★大造じいさんもびっくりするような予想外のてんかいになって私は、とれるかとれないかのどちらかと思っていたので、ちょっとびっくりしました。これじゃあ、とるにもとれないと言う大造じいさんの気持ちがよく分かりました。大造じいさんはきっと、「あんなにけんめいに自分のおとりを守ってくれている」と思うとふくざつな気持ちになってじゅうをおろしてしまったんじゃないかなあ。と思います。

本時の内容の確認 読み深め

〈飛びおくれたおとりのガンの様子についてとらえる〉

◉「あっ。」これ、だれの声ですか。

・大造じいさん、どうして、「あっ。」などと声を出したのですか。

・飛び遅れるとは、どういうことですか。①

・そして「飛び遅れたのがいます。」これ、「飛び遅れたのがいました。」とどう違う。

・そして、それは、だれだったのですか。

・大造じいさんのおとりのガン、どこから飛び遅れたのですか。だれより飛び遅れたのですか。

・そして、それはどうしてだというのですか。大造じいさんのおとりのガン、どうして飛び遅れてしまったのですか。

◉さあ「ハヤブサは、その一羽を見のがしませんでした。」さあ、その一羽とは、だれのことですか。

・そして見逃さないとは、どういうことですか。

◉さあ、そこで大造じいさん、どうしたのですか。

---

①「～飛びおくれたのがいます。」「～おとりのガンです。」

・くり返される現在形。物語は、基本的には過去形で語られる。物語に現在形が使われると、その場面に変化を与えたり、その表現内容を強調したりする。ここでの現在形は、一羽のガンが飛びおくれたこと、それが大造じいさんのおとりのガンであったことを強調する役割をしている。

②「ぱっと、白い羽毛があかつきの空に光って散りました。」

・まるで目に見えるように書き表す描写の文である。おとりのガンの羽毛が光って散る。赤と白

・大造じいさん、どうして、何のために口笛をふいたのですか。
・さあ、おとりのガンには、その口笛が聞こえたのですか。
・それでおとりのガン、どうしたというのですか。
・さあ、命がけとは、どういうことですか。
・命がけの場合とは、どんな場合ですか。
・今、だれにとって命がけの場合なのですか。誰の命が、あぶないのですか。

〈逃げおくれたおとりのガンを攻撃するハヤブサの様子をとらえる〉

◉さあそこで、ハヤブサは、どうしたのですか。
・その道とは、どの道ですか。
・パーンと一けり、これ、だれがだれをけったのですか。

◉さあ、おとりのガン、ハヤブサにけられて、どうなった。（二つの内容を確認する）
・白い羽毛とは、だれの何のことですか。②
・あかつきの空とは、どんな空ですか。
・さあまとめて「ぱっと、白い羽毛があかつきの空に光って散りました。」これ、どんな様子がうかんできますか。
・さあ、おとりのガン、今、どういう状況なのですか。
・このままだったら、おとりのガン、どうなってしまうのですか。

〈舞いもどった残雪についてとらえる〉

◉さあ、ハヤブサ、さらにどうしようとしたのですか。
・ハヤブサ、だれを攻げきして、どうしようというのですか。

のコントラストを表す。ハヤブサの攻撃の激しさを表す。子どもたちに想像させ、イメージ化させたい所である。おとりのガンのピンチ。おとりのガンは、このまま、ハヤブサの餌食になってしまうのか。

・③「残雪です。」
一行一段落。この一文だけで独立し、形として、この一行で残雪そのものを表す。
現在形の文末。過去形「残雪でした。」と比べ読みする。この文末は、空を横切った大きなかげが残雪であったことを強調する。前時では、すばやく巧みにガンの群れを安全な所に導いた残雪。その残雪が再び舞いもどってきたのである。自らも安全な所に逃れたはずの残雪が再び自らを死地に陥れるのである。仲間を守るために自らの生命をかけた残雪の闘いがここから始まる。

④接続詞「が」～逆接の接続詞。
この逆接の接続詞「が」の前と後で、大造じいさんのしたこと

・さあその時、何がどうしたというのですか。③
・それは、だれだったのですか。
・さあ、ハヤブサにおそわれた残雪たち、今どこからどこへどうしていたはずなのですか。（残雪たちはいったん自らも安全な所へ逃げたのです。）
・その残雪がいったいどこにどうしたというのですか。
・さあ残雪、何のために再び沼地の空に舞いもどってきたのですか。
・さあ「残雪です。」これ「残雪でした。」とどう違う。
・ここ、どうして「残雪です。」なのですか。どうして現在形なのですか。
・この現在形は、だれのどんな気持ちを表しているのですか。

〈舞いもどった残雪に対する大造じいさんの態度・気持ちをとらえ、考える〉

◉さあその残雪を見て、大造じいさん、どうしたのですか。
・が、大造じいさん、再び、何をどうしてしまったというのですか。
・さあ「が」、言葉の種類、何ですか。④
・「が」の前と後、どういう関係になるのですか。
・さあ、この「が」の前と後、大造じいさんのしたこと、行動、どう違うのですか。
・この「が」の前と後、大造じいさんの気持ちは、どのように違うのですか。
・さあ、まとめて、大造じいさん、残雪との三年越しの闘い、絶好のチャンスだったのになぜ残雪を撃たないのですか。大造じいさん、どうして銃をおろしてしまったのですか。（子どもたちに自由に発言させる。答えは次時にある。）

がどう違うのか。そして、気持ちもどう違うのか。この「が」を境にして対比が生まれる。そして、対比は、後者を強調する。ぐっと残雪にねらいをつけた大造じいさんの気持ちは。しかし、その大造じいさん、どうして、その銃をおろしてしまったのか。だれのどんな姿を目にしておろしたのか。安全な所にガンの群れを導いた残雪。その残雪が仲間のガンを守るために再び天敵ハヤブサのいる所に舞いもどってきた。その残雪を見て大造じいさんの心の中にどんな思いが生まれてきたのか。

おわりの感想を書く

◉では、今日の所で思ったこと、考えたことをノートに八〇字以上で書いてください。

★大造じいさんは、今まではー対一で、だれのてもかりずに、残雪とたたかってきたのに、はやぶさとてをくんで二対一で、残雪にいどもうとしているようなかんじがしていやだったから、じゅうを下ろしてしまったんじゃないかなと思いました。やっぱり、ろうかりゅうどのほこりにかけて、そんなひきょうなことをしてまで、残雪をつかまえたくなかったんだろうなと思いました。

★残雪は、やっぱり仲間おもいだと思いました。にげおくれたガンを助けにいったからです。ハヤブサはガンより強い鳥だから、いっぽまちがえると命まで落としてしまうかもしれないのに、残雪は命がけでそのガンを助けに行きました。大造じいさんも残雪をかるぜっこうのチャンスだったのにやっぱりちょっと残雪の行動に感どうしたのかなと思いました。

★ざんせつは、にげおくれた一ぴきのがんのために命のきけんがわかっていても、みのがさずたすけにいくざんせつの、どうどうとしたひょうじょうが目にうかぶようなきがします。だいぞうじいさんのおとりのとりは、ざんせつのがこなかったから、はやぶさのえじきになってしまっていたと思います。ざんせつのおかげで、一ぴきのがんの命が、すくわれたしゅんかんです。だいぞうじいさんがじゅうをおろしたのは、今、命がけで仲間をたすけているいっしょうけんめいなざんせつをたおすのは、ほかの力をかりてかりをしたくなかったのか、まだ、ライバルのままでいたいのかわからないけど、だいぞうじいさんにも、まだ、ざんせつをおもうきもちがあるんだと思いました。

★私は、残雪が、あのおとりのガンを助けたのは「仲間を守りたい！」ただそれだけの事で、自分の命をかけて戦って、勝ち続けてきて、その事は、きっとやらなきゃいけない！　と残雪が実かんしているからだと思います。その気持ちさえなければ、今ごろ大造じいさんにやられているところだったと思います。なぜなら私が思うにはきっと大造じいさんがじゅうをおろしたとき「せいせいどうどうと残雪と戦いたい。それに、こんな一しょうけんめいな残雪をうつ事はできない」と分かったからだと思ったからです。あと、はやぶさから仲間をたすけられるのかなぁとおもいました。

★大造じいさんのおとりのがんが、はやぶさのえじきになってしまうかもしれないというところで、大造じいさんのおとりのがんを助けてくれた残雪はがんの頭領らしいと思った。けれど、残雪は、自分もはやぶさのえじきになってしまいそうなき機におそわれていながらも、仲間を助けるのはすごいと思った。大造じいさんは、敵である残雪がこんなに仲間思いなやつなんだと知って、この関係をやめてしまうのかと思った。

3章

6

仲間を救うためにハヤブサと闘う残雪

残雪の目には、人間もハヤブサもありませんでした。ただ、救わねばならぬ仲間のすがたがあるだけでした。

いきなり、敵にぶつかっていきました。そして、あの大きな羽で、力いっぱい相手をなぐりつけました。

不意を打たれて、さすがのハヤブサも、空中でふらふらとよろめきました。が、ハヤブサも、さるものです。さっと体勢を整えると、残雪のむな元に飛びこみました。

ぱっ

ぱっ

羽が、白い花弁のように、すんだ空に飛び散りました。

そのまま、ハヤブサと残雪は、もつれ合って、ぬま地に落ちていきました。

◉舞いもどってきた残雪の思いをとらえる。

◉空中で闘う残雪とハヤブサの様子をとらえる。

◉情景描写「ぱっ　ぱっ　羽が、白い花弁のようにすんだ空に飛び散りました。」の様子をイメージ化し、その意味を考える。

※「残雪の目には、人間もハヤブサもありませんでした。」ここでの人間とは、残雪に執念を燃やす大造じいさんです。大造じいさんもハヤブサも共に残雪の生命をおびやかす敵なのです。残雪は、その二人の敵、二重の危険が待ち受ける状況の中にただ仲間を救うそのために自ら生命をかけて飛びこんできたのです。

「ただ救わねばならぬ仲間の姿があるだけでした。」ねばならぬとは、そうする義務・責任があるということです。頭領として窮地に陥った仲間のガンを救う責務があるというのです。そのために自らの生命をかけてハヤブサと闘うのです。そのために自らを死地に陥いれるのです。

しかし残雪には相手を傷つけるようなとがった爪はありません。ハヤブサの体を引き裂くようなするどい嘴《くちばし》もないのです。残雪は、「いきなり敵にぶつかっていきました。」「そして、あの大きな羽で力いっぱい相手をなぐりつけ」たのです。この物語は「仲間」を守る闘いの物語です。そのために自らの力、生命を捧げる献身、自己犠牲の物語なのです。

「羽が白い花弁のようにすんだ空に飛び散りました。」白とは、純白、汚れのないということです。花弁・花びらは、美しいということです。これは、比喩を含んだ情景描写です。ハヤブサと闘う残雪の姿を見て心動かされた大造じいさんは、このように意味づけたのです。仲間のガンを守るためにハヤブサと闘う残雪の姿は、汚れなく、綺麗なのです。仲間のガンを救うためにハヤブサと闘うその行為・行動は美しいのです。そのことを子どもたちに考えさせたいと思います。人の行動にもきれい、汚ないがあることを、人の行動・姿にも美しい、醜いがあることをとらえ、考えさせていきたいと思うのです。

前時の読み

◉はじめます。きのうの所をだれか、読んでください。

本時の音読

◉では、今日は、○頁○行目から、○頁○行目まで読みます。各自、読んでください。

・だれか、読んでください。

書き出し

◉では、今日の所で思ったこと、考えたことなどをノートに箇条書きで二つ以上書いてください。

話し合い

（書き出しノートをもとに話し合う）

◉では、どんな感想が書けたか、どんな考えをもてたか、発表してください。

★いっしゅんざんせつが、やったのかなと思ったけど、ざんせつのむなもとに、とびこんできたから、ざんせつはおしまいなのかと思いました。

ざんせつは、にんげんやはやぶさがいたってかまわないほど、しんけんになかまをたすけているんだと思いました。ぬまちにおちていって、力もむこうの方がつよいざんせつは、このままどうなってしまうのか、しんぱいです。

★いつもは、人間や動物などをけいかいしている残雪でも、仲間をたすけるときには、そんなことはわすれてしまうんだなと思いました。きっと、残雪にとって、仲間は、かぞくみたいに、大切なものだから、自分の身をなげだしてでも、たすけられるんだろうなと思いました。

★残雪は、天敵であるはやぶさと、命がけの戦いをした。どうなるか分からないというのに、敵にぶつかり、大きな羽で、相手をなぐりつけた。残雪は、大造じいさんのおとりのがんに代わって戦うなんてすごいと思った。これは、私たちには、できないことだと思います。大造じいさんは、おとりのがんを残雪が助けてくれたことに、大変かんしゃしているのだろうと思った。ここで私は、改めて仲間の大切さを感じました。

★もう、残雪の目には、人間も、はやぶさも、ありませんでした。そこで、だれかのために、夢中になって、戦う　命をけずりかけて戦うということはすばらしいと、すごく感じました。鳥と鳥　強い者と強い者。共通点の中で戦うのは、おたがい一歩もさがらず、前にもでれない。そんな中でおたがい気が持つのか？　と思いました。

★もう残雪の目には、救わねばならぬ仲間の姿があるだけでした。私は、残雪のこの行動を見て、仲間のためにつくしなさい、と言うメッセージをみせつけられているような気持ちになりました。自分の命をかけてでも戦う残雪は、仲間思いどころじゃないすごい気持ちでいっぱいだと思いました。そして残雪は地上におちてからはどうなったのかなぁと思いました。残雪は本当に頭がいいと言うより、優しい心であふれていると思いました。

〈舞いもどってきた残雪の思いをとらえる〉

本時の内容の確認読み深め

◉さあハヤブサにおそわれて、残雪はガンの群れをどこにどうしたのですか。（安全な所に導いて、飛び去っていった。）
・ところが、残雪、再び、どこにもどってきたのですか。
・そして、そこには、だれがいるのですか。（ハヤブサ）
・そして、地上では、だれがだれをねらっているのですか。
・さあ、しかし、残雪の目には、だれもだれもないというのですか。①
・ただ、どうしなければならないだれの姿があるだけだというのですか。
・「救わねばならぬ」とは、どういうことですか。ただ「救う」とどう違うのですか。
・そして、ここでは残雪、だれからだれを救うのですか。
・さあ、くり返し仲間とは何ですか。
・そして、どうして残雪、仲間を救わねばならないのですか。
・さあ残雪、いったん無事に逃げ去ったのにどうしてまたもどってきたのですか。

〈空中で闘う残雪とハヤブサの様子をとらえる〉

◉さあ、その残雪、いきなりだれにどうしていったというのですか。
・敵とは、だれのことですか。
・そして、さらに何でどうしたというのですか。
・さあ、どうして残雪、体当たりなのですか。どうして羽でなぐるのですか。
・ひと言、ガンである残雪には、ハヤブサのような鋭い口ばしや爪はあるのですか。
◉さあ、残雪にぶつかってこられて、力いっぱいなぐられて、ハヤブサはどうなったのですか。

---

①「残雪の目には、人間ⓜハヤブサⓜありませんでした。」
～この助詞「ⓜ」は、並列のⓜ、繰り返しのⓜ同じⓜである。人間とは、大造じいさんのことである。大造じいさんもハヤブサも共に残雪の生命をおびやかす敵なのです。しかし、残雪は、この二重の危険が待ちうける状況の中へもただ仲間を救うそのために自らの生命をかけて飛びこんでいくのです。（献身、自己犠牲）

②さるもの～相当な者、手強い者、したたかな者

③「ぱっ　ぱっ」～擬態語。残雪の羽が飛び散った様子を表す。「ぱっ　ぱっ」の「ぱっ」を横に二つ並べた場合と縦に二つ並べた場合を比べる。これも「ぱっ」を横に二つ並べることによって読者に形として、視覚的に残雪の羽が勢いよく飛び散った様子を表しているのです。

・が、しかし、ハヤブサもどんな者だというのですか。②
・「さるもの」とはどういうものですか。
・さあ、しかしハヤブサ、さっと、何をどうしたのですか。
・そしてハヤブサ、だれのどこにどうしたというのですか。
・ハヤブサ、どうして、残雪の胸元に飛びこむのですか。
・結果、何がどうなったというのですか。

〈情景描写「ぱっ　ぱっ　羽が白い花弁のようにすんだ空に散りました。」の様子をイメージ化し、その意味を考える〉

◉さあ、「ぱっ。ぱっ。」これ、言葉の種類なんですか。（擬態語）③
・そして、この擬態語「ぱっ。ぱっ。」は、何がどうした様子を表しているのですか。
・そして、「ぱっ。ぱっ。」横書きと縦書きでは、どう違いますか。
◉そして、それは、どのように見えたというのですか。
・さあ、「花弁」とは、何ですか。
・そして、「白い花弁のように」このような表現のことを何という。（比喩）
・比喩とは、どのような表現の仕方ですか。
・そして、ここでは、だれの何を「白い花弁」と喩えているのですか。
・さあ、まとめて「羽が、白い花弁のように、すんだ空に飛び散りました。」とは、どんな様子ですか。どんな様子が思いうかびますか。
◉そして、これ、だれにそう見えたのですか。ハヤブサの攻撃によって飛び散った残雪の羽根を、だれが「白い花弁のように」ととらえたのですか。（比喩の意味を問う）

おわりの感想を書く

・そして大造じいさんには、残雪の飛び散る羽根が、どうして「白い花弁のように」見えたのでしょうか。
・さあ、ここから大造じいさん、仲間を救うためにハヤブサと闘う残雪のその姿をどう見ている、どう思っているということですか。この「白」「花弁」の意味は、何ですか。（清潔、純粋、美しい、汚れがない）
・そしていったい大造じいさんには、このハヤブサと闘う残雪の姿、行動が、どうして清潔で純粋で、美しく見えたのでしょうか、思えたのでしょうか。
・さあ、このように自分の力や体を人のためにささげることを何というのですか。（献身）
・自分の生命を他者のためになげだすことを何というのですか。（自己犠牲）
◉そして最後、ハヤブサと残雪、どうしたというのですか。（沼地に落ちていった）

◉**では、今日の所で思ったこと、考えたことをノートに八〇字以上で書いてください。**

★残雪は、せっかく天てきの、はやぶさからにげきれたのに、その場にもどってきたのか、とさいしょはおもったけど、それは、残雪にとって、仲間がかけがえのないたからものだからだとすぐわかりました。自分がぎせいになってでも、仲間をまもるというけっしんは、すごいなと思いました。

★私は、はやぶさとともに、ぬまちにおちていったざんせつが心配です。自分をぎせいにしてまでも、仲間をすくう、こころのきれいなざんせつは、すてきです。ことばでは、あらわせられない何かがざんせつには、ひそんでいるようなきがします。このものがたりには、ふかいいみがあるので、ふかくかんがえられると思います。上下にてきがいても、なにがあろうと、仲間をまもりぬく、ざんせつは、すごいです。友だち、なかまの大切をあらためてしることができました。

★ここではなぜか残雪がマザーテレサのように見えてきました。自分をぎせいにして貧しい人を助ける。自分をぎせいにして仲間を助ける。二人とも自分をぎせいにしてまで、仲間や貧しい人を助けているので、何かにているかんじがしました。

★この残雪の行動を見たら「自分中心は、ぜったいいけない」と言う言葉が、今までよりずっとずっと大切に思いました。人のため、仲間のためにつくす。そうそうできる事ではないけれど、こうしてこの話の中で一羽のガンは、それを実行しているので、私もそうできたらいいと思いました。この話で、大切なものをおそわりました。その自己ぎせいの気もちを、しっていればきっと争いもなくなるのにと思います。こうゆう物語を読めば、きっとその大切な気持ちに気づくことができると思います。こう言う行動をするのが今の世の中にとても必要だなと思いました。

★自分をきずつけてまで、仲間を助ける。今の世の中では、仲間をみすて、自分がいい思いをすれば、それでいいという世界だから、戦争がおこるんだ、争いが終わらないのか、という考えが心の底から、でてきました。私も命をかけて仲間を守るなんてことはできないけど、せめて、仲間を守るというのを実行していきたいです。

★残雪の羽が美しい白い花びらにたとえられるなんて、残雪の心がより美しく、残雪の行動がすごく仲間思いということだと思いました。人間の世の中では、自己犠牲は、あまりいない。自己優先、自己中心が、大きく上まわっている。それに対して、鳥（がん）の世界では仲間思いが多いなんて、すごいと思った。

3章 7

むねのあたりをくれないにそめ、大造じいさんを正面からにらみつける残雪
最期の時にも頭領らしい堂々たる態度の残雪に強く心を打たれる大造じいさん

大造じいさんはかけつけました。

二羽の鳥は、なおも地上ではげしく戦っていました。が、ハヤブサは、人間のすがたをみとめると、急に戦いをやめて、よろめきながら飛び去っていきました。

残雪は、むねの辺りをくれないにそめて、ぐったりとしていました。しかし、第二のおそろしい敵が近づいたのを感じると、残りの力をふりしぼって、ぐっと長い首を持ち上げました。そして、じいさんを正面からにらみつけました。

それは、鳥とはいえ、いかにも頭領らしい、堂々たる態度のようでありました。

大造じいさんが手をのばしても、残雪は、もうじたばたさわぎませんでした。それは、最期《ご》の時を感じて、せめて頭領としてのいげんをきず付けまいと努力しているようでもありました。

大造じいさんは、強く心を打たれて、ただの鳥に対しているような気がしませんでした。

◉沼地からよろめきながら飛び去っていくハヤブサをとらえる。

◉ハヤブサとの闘いでむねのあたりをくれないにそめ、ぐったりとした残雪をとらえる。

◉じたばたせず、第二のおそろしい敵、大造じいさんを正面からにらみつける残雪をとらえる。

◉最期の時にも頭領らしい堂々とした態度の残雪に強く心を打たれる大造じいさんをとらえる。

※　もつれ合って沼地に落ちていった残雪とハヤブサ。大造じいさんがかけつけると二羽の鳥は、なおも激しく闘っていました。しかし、ハヤブサは人間の姿を認めるとよろめきながら飛び去っていきました。ハヤブサもこの残雪との闘いでかなりの体力を消耗したことが読みとれます。一方残雪は、胸のあたりをくれないにそめ、ぐったりとしていました。残雪は、このハヤブサとの闘いで胸に深い傷を負い、もう飛び立つこともできないのです。

しかし、第二のおそろしい敵（大造じいさん）が近づいたのを感じると、残雪は「じいさんを正面からにらみつけました。」「大造じいさんが手をのばしても残雪は、もうじたばたさわぎませんでした。」私は、ここにこの物語の一つの結果があると考えます。頭領として仲間を守る、残雪の生き方の結果がここにあると思うのです。

一章では「仲間がえをあさっている間もゆだんなく気を配っていて決して人間を

寄せつけ」ない残雪。二章では、「ゆだんなく地上を見下しながら」群れの先頭に立ってやってくる残雪。決して残雪は仲間に守られてやってくるのではないのです。三章ではハヤブサの襲撃。実にすばやい動作でハヤブサの目をくらませながら、ガンの群れを導き飛び去っていく残雪。さらにいったん自らも安全な所に身を置いたにもかかわらず、逃げおくれた仲間を守るために舞いもどってきた残雪。

結果、おとりのガン、仲間のガンをハヤブサから救うことはできたけれど、残雪は深く傷つき、飛び上がることもできず、大造じいさんの手中に落ちてしまったのです。しかし、残雪は、堂々と気高く自分の死を覚悟するのです。自分より仲間。自ら考え判断し、生きてきたその結果を潔く受け入れるのです。

「大造じいさんは、強く心を打たれて、ただの鳥に対しているような気がしませんでした。」

ここで大造じいさんは、残雪の姿、行動を人間のように意味づけています。ここでは残雪（鳥・生物）に対する大造じいさんの認識の深まりをとらえていきます。

人間を、大造じいさんを感動させてしまった残雪。しかし、それは大造じいさんを正面からにらみつけ、堂々としている残雪、その姿に対する感動だけではありません。身を挺して仲間を守る残雪の姿。仲間を救うために身命を捧げ尽すその姿。大造じいさんの感動の底には、残雪のくり返される仲間への献身、そしてこの自己犠牲の姿があるのだと思うのです。大造じいさんの認識は、最期には残雪を「人格」としてとらえるまでに至ったのです。

そして、私はこの大造じいさんのとらえ方、認識を大切なものと考えます。少し飛躍するのですがこの考え方をさらに敷衍してはどうかと考えるのです。
　今、地球の温暖化が騒がれる中でも人は自然を破壊しつづけています。利己的欲望のもと、自然破壊を限りなく続けています。しかし、自然とそこに生活する生き物の中にも欠けがえのない生活・生命があるのです。自然の生き物の中にも自らを犠牲にして仲間を守るという崇高な精神が流れているのです。人もガンも対等な「人格」なのです。
　さあ大造じいさんは、この残雪をどうするのでしょうか。どうしたのでしょうか。終わりの五章をむかえます。

前時の読み

◉はじめます。きのうの所をだれか、読んでください。

本時の音読

◉では、今日は、○頁○行目から、○頁○行目まで読みます。各自、読んでください。
・だれか、読んでください。

書き出し

◉では、今日の所で思ったこと、考えたことなどをノートに箇条書きで二つ以上書いてください。

話し合い

（書き出しノートをもとに話し合う）
◉では、どんな感想が書けたか、どんな考えをもてたか、発表してください。
★残雪は、むなもとにケガを負っているというのに、はやぶさと地上に落ちてもはげしく戦うなんて、仲間思いの残雪だからできることだと思いました。残雪は、天敵とのはげしい戦いを終えると、ぐったりとしていた。そして、第二の敵大造じいさんが近づいたのを感じると、じいさんを正面からにらみつけた。もうあぶない。残りの命の長さが少ないというのに、敵を感じて、もうこれいじょう近づくなと強くうったえた。私も、大造じいさんと同じような気持ちになり、さすが頭領と思った。

★二ひきとも地上におちてよろめいて、ぐったりとしていた。それほど今の戦いがはげしかったんだと思いました。でも、大造じいさんがかけつけると、残雪は無理をして立ち上がってけいかいしました。仲間を守る必しさがすごく伝わってききした。この戦いで残雪は死んでしまうのか心配です。ハヤブサとなぐりあいをしてすごく体がきずついている感じがしました。

★いかにも頭りょうらしい堂々たる態度のようでありました。残雪は、もう死ぬと思ったからそうしたと思うけど、やっぱり自己ぎせいの気持ちも忘れないのはすごいと思った。むねをくれないにそめても、まだ最後の力をふりしぼったので、じいさんは心を打たれました。いかにも人間らしい行動をとった残雪は、もうガンには見えないほどかがやいていると思いました。心や行動が美しいとこんなにもかがやいて見えるのは、世の中で限りの少ない仲間や人々につくす気持ちがすごく大切で、その大切な気持ちをもって実行しているからだと思いました。

★大造じいさんと残雪は、人間と鳥ではなく、じいさんの心の中では、人間とむき合ってるような気持ち、がんの残雪が、一番頭領らしく見えた所だと思いました。最期の時を感じても努力しつづける残雪に感動しました。

本時の内容の確認読み深め

〈よろめきながら飛び去っていくハヤブサをとらえる〉

◉さあ、きのうの最後、ハヤブサと残雪、どこにどうしたのですか。
・そこで、大造じいさん、どうしたのですか。
・大造じいさん、どこにかけつけたのですか。
・さあ、そこで二羽の鳥、なおも、どうしていたというのですか。
・二羽の鳥とは、だれとだれですか。
・さあ、しかし、ハヤブサはだれを認めるとどうしたというのですか。
・よろめくって、どうすることですか。
・ハヤブサ、どうして、よろめきながら飛び去っていったのですか。

〈胸の辺りをくれないにそめ、ぐったりとした残雪の姿をとらえる〉

◉さあ、一方、残雪はどんな様子なのですか。
・くれないとは、どういう色ですか。くれないって、漢字で書ける人？ ①
・そして「胸のあたりをくれないに染めて」、これ、残雪の胸のあたりがどうなっているということですか。
・残雪、どうして胸のあたりが真っ赤なのですか。
・そしてぐったりとは、やはり、どういうことですか。
・やはり、残雪、どうしてぐったりなのですか。

---

①くれない（紅い）～鮮明な赤色。例えば、「真っ赤にそめて」と「くれないにそめて」を比べ読みし、微妙な表現の違いを考えさせたい。「くれないにそめて」は、漢語調の表現であり、残雪のハヤブサとの闘いの壮烈さを表すとともに、残雪のハヤブサとの闘いが、仲間を守るという高貴で尊いものであったということの意味も含んでいるように思うのです。

②最期～いまわのきわ。命の終わる時。死にぎわ。臨終。「最後」とは違う。

・さあ、まとめて、ハヤブサは、飛び去っていったのに、どうして、残雪は飛んでいかないのですか。
・そして残雪、どうしてこうなったのですか。
・だれをどうしようとした結果、こうなってしまったのですか。

〈第二の敵、大造じいさんを正面からにらみつける残雪の様子をとらえる〉

◉さあ、その残雪にさらに、何が近づいてきた。
・第二のおそろしい敵とは、だれのことですか。
・さあ、それに対して残雪、どうしたというのですか。
・そして、さらにだれをどうしたのですか。
・にらみつけるとは、どうすることですか。
・正面からにらみつけるとは、どうすることですか。

〈最期の時にも頭領らしい堂々とした態度の残雪に強く心を打たれた大造じいさんのその気持ちをとらえる〉

◉さあ、そんな残雪が、大造じいさんには、どう見えたというのですか。
・頭領らしい堂々たる態度とは、どんな様子ですか。
◉さあ、そんな残雪に大造じいさん何をどうしたのですか。
・大造じいさん、だれをどうするために手をのばしたのですか。
・でも残雪は、どうだったというのですか。
・さらに、それは、どのようでも、あったというのですか。
・じたばたさわぐとは、どういうことですか。

・「最期」とは、どういうことですか。「最後」とどう違うのですか。②
・そして「頭領としての威厳」とは、何ですか。
◉さあ、最後、大造じいさん、そんな残雪を見て、どう思ったというのですか。
・「ただの鳥に対しているような気がしない。」さあ、これ一章のはじめの方では、どう思っていたのでしたか。（たかが鳥のことだ。）
・さあ、「ただの鳥に対しているような気がしない。」「たかが鳥のことだ。」比べて、違いを言ってください。
・さあ、大造じいさん、今この残雪を見て、どうして「ただの鳥に対しているような気がしない。」のでしょうか。
・さらに言うと、大造じいさん、この残雪を見て、今、どんな気持ちなのですか。残雪のことをどう思っているのですか。

〈仲間を救った残雪の行動とその結果についてまとめる〉

◉さあ、まとめて、残雪、おとりのガンを、仲間のガンを救うことは、できたのですか。
・しかし、残雪は、最後、結局、自分はどうなってしまったのですか。（深く傷つき、大造じいさんにつかまってしまった。）
・さあ、このように自分の体が傷ついても、自分は捕まってしまっても、他の人を救い、他の者に尽くすことを何というのですか。（自己犠牲・忘己利他）
◉さあ、大造じいさんと残雪との三回目の闘いの結果は、どうなったのですか。
・そして、大造じいさん、この残雪をどうするんでしょうか。どうすると思いますか。

おわりの感想を書く

◉では、今日の所で思ったこと、考えたことをノートに八〇字以上で書いてください。

★動物は、にんげんより頭はよくないけど、心は人間より、やさしいんじゃないかなと思いました。それに、ガンの残雪より、はやぶさのほうがつよいのに、仲間をたすけにもどってきて、むねの辺りがくれないにそまるまでたたかった残雪は、すごいとりだなと思いました。

★残雪は、自分の心を大切にしていて、せい実だから、仲間を守り、頭領として、最期まで、自分を自ら犠牲にし、やくめにつくせたんじゃないか。死の直前まで敵をにらみつけ、頭領としてのいげんをきずつけまいと力つきるまで努力しつづけられたんじゃないかと思いました。

★残雪は、一生の終わりを感じ、頭領としてのいげんをきずつけまいと、努力しているようでもあった。残雪は、大造じいさんから見て、最初はいまいましいそんざいであった。しかし今は、いまいましいから、すばらしいとまで言わせた。私たち人間は、このようなことはできないけれど、人を思いやったり、してあげたりすることは可能だと思います。このまま死なずに、また頭領としての役目をまた復活してもらいたいです。

★ぼくは残雪がかわいそうだと思いました。でも、残雪にとってはまちがっていないことだったんだと思います。残雪は、こんなことになるのをしょうちのうえでハヤブサにたちむかっていったのだと思います。すごくりっぱなガンだと思いました。

★最初は、残雪の事をいまいましく思っていた大造じいさんでも今はきっと、とうりょうとしていさぎよく死ぬまぎわもしずかにしているので関心していると思います。でもなぜこんなにも気持ちがかわって残雪がただの鳥には見えなくなったのか。それは、心や行動が美しくて、自己ぎせいの気持ちを大切にしている姿をみたからだと思います。人々や仲間のためにつくす、この世の中でそれを気持ちだけでおわらす人や、最悪そんな事思った事ないと言う人がすごくふえている中で、こうして残雪は、それを実行しているから、それが大造じいさんには、とってもかがやいてみえたんじゃないかなぁと思いました。人々のためにつくす事を気持ちだけで終わらせず、実行までうつす人が増えたら、争い事がなくなるのに、と思いました。こうゆう物語を読むと、大切な事がよく分かりました。

★がんは、はやぶさよりよわいけど、ざんせつは、あるいみつよいとおもいます。人間をかんしんさせたり、なにかおもわせたりするとりは、ざんせつしか、いないと思いました。今の世の中には、自分をすててまでも、何かをやりとげたりする人は、いないとおもいます。なかまをたすける、なかまをまもる、命がけ、たいへんなとき、なかま、人のことをおもう世の中ではないので、このものがたりは、今のよの中にひつようだとおもいます。とうりょうとしてのいげんをきずつけまいとどりょくしているすがたをこのめでみてみたいと思いました。

4章

1 大造じいさんのおりの中でひと冬をこした残雪
快い羽音一番、一直線に空へ飛び上がる残雪

4

残雪は、大造じいさんのおりの中で、ひと冬をこしました。春になると、そのむねのきずも治り、体力も元のようになりました。

ある晴れた春の朝でした。

じいさんは、おりのふたをいっぱいに開けてやりました。

残雪は、あの長い首をかたむけて、とつ然に広がった世界におどろいたようでありました。が、
バシッ。

快い羽音一番、一直線に空へ飛び上がりました。

らんまんとさいたスモモの花が、その羽にふれて、雪のように清らかに、はらはらと散りました。


◉大造じいさんのおりの中でひと冬をこした残雪をとらえる。

◉快い羽音一番、一直線に空へ飛び上がっていく残雪の様子をとらえる。

◉比喩「雪のように清らかに」の意味を考える。

◉「残雪」の名前の意味を考える。

※　大造じいさんにつかまってしまった残雪は、その後どうなったのでしょうか。大造じいさんはとらえた残雪をどうしたのでしょうか。

四章は、二つに分けて授業します。その前半ではこの物語のまとめとして、「残雪」の名前の意味に迫りたいと思います。ここにこの物語の一つのテーマ（意味）があると考えるのです。

詳しくは教材分析で述べてありますのでそちらをお読みください。

前時の読み

◉はじめます。きのうの所をだれか、読んでください。

本時の音読

◉では、今日は、○頁○行目から、○頁○行目まで読みます。各自、読んでください。

・だれか、読んでください。

書き出し

◉では、今日の所で思ったこと、考えたことなどをノートに箇条書きで二つ以上書いてください。

話し合い

（書き出しノートをもとに話し合う）

◉では、どんな感想が書けたか、どんな考えをもてたか、発表してください。

※ここは、子どもの感想はありません。先生方この場面での子どもの感想を送って

ください。

本時の内容の確認 読み深め

〈残雪は、その後、大造じいさんのおりの中でひと冬をこしたことをとらえる〉

◉さあ、大造じいさんにとらえられた残雪、あの後、どこでどうしたのですか。

・ひと冬を越すとは、どういうことですか。

・結果、残雪、どうなったのですか。

・そのむねの傷とは、何ですか。だれを救うために、だれと闘ったために受けた傷ですか。

・つまり、大造じいさん、あの後、つかまえた残雪にどうしてあげたのですか。

・逆に、どうはしなかったのですか。

〈晴れた春の朝、快い羽音一番、一直線に空に飛び上がっていく残雪の様子をとらえる〉

◉さあ、四章は、時はいつですか。

・春、ガンにとってはどんな季節ですか。どこへどうする時なのですか。

・さあ、そこで大造じいさん、何をどうしたというのですか。

・大造じいさん、だれをどうするためにおりのふたをいっぱいに開けたのですか。

・「いっぱいに」これ「いっぱい」とどう違う。①

・さあ、考えてください。大造じいさん、どうして残雪をはなしてしまうのですか。大造じいさん、狩人なのにせっかくつかまえた残雪をどうして逃がしてしまうのですか。

◉さあ、残雪、はじめは、どんな様子だったのですか。

---

①いっぱいに～「いっぱい」と比べ読みする。残雪が北の空へ思いきって飛び立っていけるように、いっぱいにおりのふたを開けたのだと思う。大造じいさんの残雪への思いがこの「に」に表れていると思う。

②バシッ～「バタバタ」と比べ読みをする。一行一段落。その行の上の方に「バシッ。」を書き、これだけで一直線に空に飛び上がった残雪を形として表している。声喩。

③清らか～けがれのないさま。清く美しいさま。澄みわたっていて、さわやかで美しい。

④雪のように～比喩。くり返される白。「真っ白なまじり毛」「白い花弁のように」残雪のイメージは、白。清潔、汚れのない美しさである。「無私」と言ってもいいかも

・が、しかし、一言、どんな音をたててどうしたのですか。②
・「バシッ」これ「バタバタ」などと比べてどう違う。
・そして「一直線に」これ、別の言葉にすると何ですか。
・「バシッ」「快い羽音一番、一直線に空に飛び上がりました。」ここから残雪のどんな様子がうかんできますか。
◉さあ、その時、何が何にふれて、どうしたというのですか。
・スモモとは、何ですか。
・スモモの花、それは、どんな色のどんな花ですか。
・そして、その羽とは、だれの羽根ですか。
・そして、さらに、清らかとは、どういう意味ですか。③
・さらに雪のように清らかとは、どういう意味ですか。④
・さあ、まとめて「らんまんとさいたスモモの花がその羽にふれて、雪のように清らかに、はらはらと散りました。」これもどんな様子がうかんできますか。⑤

〈比喩「雪のように清らかに」の意味を考える〉

◉そして「雪のように清らか」、この表現の仕方を何というのですか。(比喩)
・そしてこの残雪の羽にふれて散るスモモの花の様子を、だれが「雪のように清らか」と思ったのですか。とらえたのですか。
・つまり、この一文の中に、この比喩の中に大造じいさんのだれに対する見方・思いが表現されているのですか。(これも情景の文)
・さあ、この文から大造じいさん、何年も闘ってきた残雪をどう見ている、どう思っ

しれない。
⑤らんまん～花の咲き乱れるさま

ているということですか。
・そして、大造じいさん、残雪の何が雪のように清らかだと思っているのですか。
・残雪のどのような姿・生き方が雪のように清らかだと思っているのですか。

〈「残雪」の名前の意味を考える〉

◉そしてこの「雪」が、だれの名前についているのですか。
・さあ、残雪、どうして「残雪」というのでしたか。（形態的な意味をおさえる）
・さあしかし「残雪」の名前についているこの「雪」には、どういう意味があるのですか。
・そして「残雪」という名前には、その雪にさらに何という文字がついているのですか。
・「残」とは、どういう意味ですか。
・そして一言、この『大造じいさんとガン』という物語は、いつ、どんな時代に書かれたのか知っていますか。
・そんな戦争の世の中では、どんな人が立派な人だとされたのですか。
・さあ、考えてください。この一羽の頭領のガンにつけられた名前、どうして「残雪」というのでしょうか。この物語の主人公の名前、どうしてただ「雪」ではなく「残雪」なのでしょうか。作者椋鳩十は、この「残雪」という名前にどんな意味や願いをこめたのでしょうか。（ここで十分に答えがでなくてもよい。次時の「英雄」と合わせて、さらに考えさせる。）

おわりの感想を書く

◉では、今日の所で思ったこと、考えたことをノートに八〇字以上で書いてください。
※ここは、子どもの感想がありません。この場面での子どもの感想を送ってください。

4章 ②

残雪に「ガンの英雄よ。」と呼びかける大造じいさん
北へ北へと飛び去っていく残雪

「おうい、ガンの英ゆうよ。おまえみたいなえらぶつ《えらいやつ》を、おれは、ひきょうなやり方でやっつけたかあないぞ。なあ、おい。今年の冬も、仲間を連れてぬま地にやって来いよ。そうして、おれたちは、また堂々と戦おうじゃあないか。」

大造じいさんは、花の下に立って、こう大きな声でガンによびかけました。そうして、残雪が北へ北へと飛び去っていくのを、晴れ晴れとした顔つきで見守っていました。

いつまでも、いつまでも、見守っていました。

◉大造じいさんが残雪に呼びかけた言葉「英雄」とは、何なのか。「ガンの英雄」とは、どういうことなのかを考える。

◉「おれたち」という言葉に表現された大造じいさんの残雪に対する見方、とらえ方を考える。

◉北へ飛び去っていく残雪を見守る大造じいさんの様子と気持ちをとらえる。

※　ここでは、この物語の読みのまとめとして、この作品のテーマに迫りたいと思います。それは、一言で言えば、「英雄とは何なのか」ということです。大造じいさ

んは、この物語の最後に北へ飛び去っていく残雪に向かって、「おうい、ガンの英雄よ。」と呼びかけます。そして、この「英雄」という言葉が、残雪と長い間くり返し闘ってきた大造じいさんの最後のとらえ、この残雪というガンに対する最後の認識を表していると考えます。

そして最後にもう一つ、大造じいさんが北へ飛び去っていく残雪に向かって呼びかけた「おれたち」という言葉です。やはり、この呼び方・呼称の中にもわたしたちが大切にすべき見方が、含まれていると考えるのです。やはり詳しくは、教材分析で述べてありますので、そちらをお読みください。

前時の読み

◉はじめます。きのうの所をだれか、読んでください。

本時の音読

◉では、今日は、○頁○行目から、○頁○行目まで読みます。各自、読んでください。

・だれか、読んでください。

書き出し

◉では、今日の所で思ったこと、考えたことなどをノートに箇条書きで二つ以上書いてください。

話し合い

（書き出しノートをもとに話し合う）

◉では、どんな感想が書けたか、どんな考えをもてたか、発表してください。

★残雪は、おりのふたをいっぱいにあけられ、大造じいさんの元から飛びたった。

大造じいさんは、心の中で、心の底から、「ありがとう」とさけんだのではないか、そして「また戦おう」と思ったのではないかと思った。

★ライバルがライバルを助けるなんておかしいと思ったけど、それは残せつが感どうさせるような行動をしたから大造じいさんも認めたんだと思いました。大造じいさんは残雪を救い手当てをしました。でも、仲間のもとへかえす時が来て少しさみしくなると思ったけど、また冬にきていっしょに戦えるのを楽しみにしているんだと思いました。

★大造じいさんは、今まで、いまいましく思っていた残雪のことを見なおし、たすけてくれたけど、にがしてあげてから、「またたたかおう」と言った。残雪を見なおしたのはみなおしたけど、ライバルどうしということはかわらないんだなと思いました。きっと、生きている間での、さいこうのライバルどうしだなと思いました。

★おりの中で冬をこした残雪は、大造じいさんに助けてもらったんだ、と少々びっくりした。でも「残雪」と言う自己犠牲の気持ちを持つ一羽のとりが死ななくて本当によかった。もしこれで大造じいさんがとってしまっていたらどうなるのかと思うけど、大造じいさんは残雪のもつ大切な心に、気がついたんだと思う。私も残雪を手本にできたら……と思う。残雪をいつまでもいつまでも見守っていました。堂々と戦いたいと言う気持ちで残雪へのきずの手あてをしてあげて、本当に本当に二人はいい仲間でもありいいライバルでもあるいいかんけいだった。

本時の内容の確認読み深め

◉さあ、ハヤブサとの闘いで傷つき大造じいさんに捕まってしまった残雪、そのあと、どこでどうしたのですか。
・逆に大造じいさんは、捕まえた残雪をどうしたのですか。
・そして、きのうの所は、いつのことでしたか。
・さあ、大造じいさん、春になって、その残雪をさらにどうしたのですか。

〈せっかくつかまえた残雪をどうして大造じいさんは、逃してしまうのかを考える〉

◉さあ、そして、今日の所から、それは、どうしてだというのですか。三年越しの闘いでとらえた残雪を、大造じいさん、どうして、解き放してしまった、逃がしてしまったというのですか。
・ひきょうとはどういうことですか。①
・ここでひきょうなやりかたとは、だれがだれをどうしたことを言っているのですか。
・大造じいさんは、ハヤブサとの闘いで傷つきぐったりとした残雪をつかまえました。しかし、これがどうしてひきょうなやり方なのですか。

〈残雪の行動から「英雄」とは、何なのかを考える〉

◉そして、さらに、大造じいさん、どうして残雪をひきょうなやり方でやっつけたくはないというのですか。
・えらぶつとは何ですか。②
・残雪のえらいところ、いろいろ言ってみてください。「たかが鳥」などと言っていた大造じいさんが見た、残雪のえらい所、いろいろ言ってみてください。

---

①ひきょう～心だてのいやしいこと。卑劣。勇気がなかったり、ずるい気持ちがあったりして、正々堂々としていないこと。

②えらい～すぐれている。人に尊敬されるべき立場にある。行ないがすぐれている。

③英雄～すぐれた才知と武勇とで名を知られた人。また、偉大な事業を成しとげた人。

・そして、ここで「えらぶつ」と似た言葉は、何ですか。大造じいさん、残雪のことを最後に何と呼んだのですか。
・英雄とは何ですか。ただ、えらいなどとどう違うのですか。③
・残雪、何の英雄だというのですか。
・ガンの英雄とは、どういうことですか。
・残雪の何が？　残雪のしたどのようないう人の事を言うのですか。大造じいさんは、
・つまり、ここから、英雄とはどういう人の事を言うのですか。大造じいさんは、どのようなことをした人物を英雄だというのですか。
・そして、もう一度考えてください。このガンの頭領・英雄を作者・椋鳩十はどうして「残雪」と名づけたのでしょうか。名前「残雪」の意味、そこにこめられた願いは何なのでしょうか、英雄の名前が、なぜ「残雪」なのですか。

〈「おれたち」という言葉から、大造じいさんの残雪に対する見方、とらえ方を考える〉

◉さあ、大造じいさん、この残雪に、さらに何て呼びかけたのですか。
・仲間とはだれですか。
・そして、さらにおれたちとは、だれとだれのことですか。
・さあ、この「おれたち」という言い方からわかることはありませんか。大造じいさん、自分と残雪との関係をどう見ている、思っているということですか。（対等）
・一章での「たかが鳥」などという見方、思いとどう違うのですか。
・そして、大造じいさん、どうして残雪を自分と対等の存在と見るのですか。同じと思うのでしょうか。

・どうして、残雪、ガンを鳥を人間より低いものとはみないのですか。
・そして君たちは、残雪を人間と対等ととらえるこの見方をどう思いますか。考えますか。
・さあ、「また堂々と戦おうじゃないか。」堂々の反対、ここでは何ですか。
・堂々とは、どういうことですか。ひきょうとどう違うのですか。

〈北へ飛び去っていく残雪を見守る大造じいさんの様子をとらえる〉

◉さあ、最後、大造じいさん、どんな表情でどうしたのですか。
・晴れ晴れとは、どういうことですか。
・大造じいさん、残雪を放してあげて、どうして晴れ晴れなのでしょうか。
・まとめて、こんな大造じいさんを君たちは、どう思いますか。

おわりの感想を書く

◉では、今日の所で思ったこと、考えたことをノートに八〇字以上で書いてください。

★大造じいさんは残雪をはなす時、すごく気持ちよかったと思いました。それは、ハヤブサとの戦いで受けたきずを手当てし元気なじょうたいではなせたからです。そしてまた秋にせいせいどうどう戦えることをぼくはいのっています。

★残雪のことを大造じいさんは、売ったりせずに、きずが治るまで、おりの中で一冬をこした。そして、じいさんがおりのふたをいっぱいに開けると最初は残雪は、とつぜん広がった世界におどろいた。けれど、数秒後また、自分が頭領だということを自かくし、バシッ！　と空に飛び上がった。残雪も、大造じいさんの言った言葉どおりに堂どうと戦おうと思っているのかなと思った。私はこのお話は終わるけれど、今度こそ残雪と大造じいさんの戦とうを見たかったです。「がんの英雄よ」と聞いた時私は、大造じいさんが残雪のことを、また仲間のところへもどって、役目をまた復活させろよ。と言っているような気がしました。私も、残雪が仲間のところへもどって、また復活させてもらいたいけれど、大造じいさんとの関係を忘れないでほしいです。

★大造じいさんのおりの中で一冬をこした残雪は、ガンの英ゆうとしてこれから大造じいさんと戦っていくだろう。でもいいライバルとして、ひきょうな手をつかわないでほしいと思います。自己ぎせいの気持ちを持つ残雪をひきょうなことしてかるのは、ベテランとしてひきょうであり、残雪のライバルとしてかおむけできなくなってしまいます。また、英ゆうとして、ひきょうな手はつかってほしくないです。残雪が自己犠牲の気持ちがある事に気付いた大造じいさんは、これから自分もその大切な気持ちをもてるといいと思っていてほしいです。わたしも本当に大切な気持ちに気づかされて、できるだけ自分中心をなくしたいです。本当に二人は世界で一番いいライバルだと思いました。

★私は、何でざんせつをたすけたのか分かりませんでした。でも、今日の文章ではっきりしました。さいしょは、いまいましくてたまらなかった大造じいさんも、今ではがんのえらぶつ、えいゆうとまでいっています。せいせいどうどうとたたかうからこそ、いいライバルといえるきがします。このつづきをよみたいです。鳥と人間の仲は、こんなに仲がいいんだとしりました。

全文通読と感想文を書く（一時間）

物語『大造じいさんとガン』を場面ごとに分け、詳しく読みました。そして最後に全文通読をし、自由に感想文をかかせました。子どもたちが書いた感想文を紹介します。

「大造じいさんとガン」　O　くん

ぼくは、大造じいさんとガンの物語を読んで、一番感動した場面は、飼い慣らしたガンをおとりに使って、がんの群れの中にいれれて残雪の仲間をとらえてやろうと思っていたのに、とつぜんハヤブサが現われて、大造じいさんの計画がじゃまされてしまいました。

飼い慣らされていたガンは、野鳥としての働きがにぶくなっていたので、うまくハヤブサからにげることができなくて、それを見た残雪は、大造じいさんが銃を持っていたにもかかわらず、仲間を助けるためにハヤブサと戦った場面がとても感動的でした。

強い力を持つ者が、弱いものを助けることができたので、強くて優しい残雪は、最後まで頭領でした。強い力と思いやりの心を持つ残雪が、ぼくは好きになりました。それを見守ることができた大造じいさんもやさしい人だと思います。

「大造じいさんとガン」を読んで

N さん

私は、大造じいさんとガンを読んで、友情や仲間の大切さをしりました。ライバル関係が友情や英雄などの気持ちに変わることができるんだなあと思いました。残雪は、どんなことがあっても仲間を守っている姿は、大造じいさんや他の狩人を感動・感激させたんだと思います。

今、社会は自己中心の人が多いと思います。自分さえよければ、それでいいと思う人が増えています。残雪みたいな人が、私達が大人になっていくにつれて多くなれば、今の大人・先生も安心できると思います。私は、このお話を読んで、私達から世界を変えていくべきだと思いました。そして、このお話には、そんな深い意味があったのかと、読み終わって実感しました。このお話の続きがあれば読みたいです。

「大造じいさんとガン」を読んで

T くん

ぼくはこの物語を読んで、仲間の大切さをおしえられました。マザー・テレサの伝記を読んだ時は、貧しい人を差別せず平等な世界を広げようと教えられました。そして、この大造じいさとガンでは、仲間を大切にするということを感じました。いくら自分が厳しい状況でも仲間を優先にし、ぜったい守りきる、それがリーダー・頭領の役目だなあとあらためて感じました。ぼくは、これまで仲間や友だちより自分中心で、自分がよければいいと思っていましたが、それは違いました。自分のことも考えておきながら、仲間を助けるということが大切だと思います。ぼくも、このような本をきっかけに自分中心がなくなるといいと思います。

「大造じいさんとガン」を読んで

Hさん

私は、一番最初に読み終わってから、大造じいさんと残雪のライバルどうしの友情に感動しました。とてもはげしい戦いの中で友情がうまれるなんて、びっくりしました。もう一つびっくりしたことがあります。それは、あの頑固で負けず嫌いの大造じいさんを最後に感動させたからです。逆のパターンならそんなにビックリしないけれど、鳥が人を感動させる物語は初めてです。それは、自己犠牲の美しさを自ら実行したからです。人のために一生懸命がんばり、つくし、心の美しい人にしかできないことをやり遂げるなんて、素晴らしい鳥だなあと思いました。また、こういう物語を勉強したいです。

残雪から学んだ大切な事

Tくん

ぼくは、残雪と大造じいさんの戦いから学んだことがあります。それは、「仲間を大切にする」ということです。残雪は、どんな時でも仲間を最後まで守り抜いた。そのおかげで仲間のガンも命を落とすことはなかったし、その「美しい心」に大造じいさんは、強く心を打たれました。

野生の厳しい生活の中で自分のことはかんがえずに仲間のことだけを考える。ぼくは、この行動に感動しました。

大造じいさんも残雪にぼくと同じ思いを抱き、残雪に負けない心を持った狩人になろうと決心したのです。

今は、自分のことだけを考え、他人のことは何も気にしない。そんな世の中だけど、他人のことも考えることができる心を持つことができれば、いつかこの世にも「平和」がおとずれる。ぼくは、そう残雪に教わったようなきがしました。

大造じいさんとガン

椋　鳩十

　知り合いのかりゅうどにさそわれて、わたしは、イノシシがりに出かけました。イノシシがりの人々は、みな栗野岳《くりのだけ》のふもとの、大造じいさんの家に集まりました。じいさんは、七十二歳《さい》だというのに、こしひとつ曲がっていない、元気な老かりゅうどでした。そして、かりゅうどのだれもがそうであるように、なかなか話し上手の人でした。血管のふくれたがんじょうな手を、いろりのたき火にかざしながら、それからそれと、愉《ゆ》快なかりの話をしてくれました。その話の中に、今から三十五、六年も前、まだ栗野岳のふもとのぬま地に、ガンがさかんに来たころの、ガンがりの話もありました。わたしは、その折の話を土台として、この物語を書いてみました。

　さあ、大きな丸太がパチパチと燃え上がり、しょうじには自在かぎとなべのかげがうつり、すがすがしい木のにおいのするけむりの立ちこめている、山家《やまが》のろばたを想像しながら、この物語をお読みください。

1

① 　今年も、残雪は、ガンの群れを率いて、ぬま地にやってきました。残雪というのは、一羽のガンにつけられた名前です。左右のつばさに一か所ずつ、真っ白な交じり毛をもっていたので、かりゅうどたちからそうよばれていました。

　残雪は、このぬま地に集まるガンの頭領らしい、なかなかりこうなやつで、仲間がえ《えさ》をあさっている間も、油断なく気を配っていて、りょうじゅうのとどく所まで、決して人間を寄せつけませんでした。

② 　大造じいさんは、このぬま地をかり場にしていたが、いつごろからか、この残雪が来るようになってから、一羽のガンも手に入れることができなくなったので、いまいましく思っていました。

　そこで、残雪がやって来たと知ると、大造じいさんは、今年こそはと、かねて考えておいた特別な方法に取りかかりました。

　それは、いつもがんのえをあさる辺り一面にくいを打ちこんで、タニシを付けたウナギつりばりを、たたみ糸で結び付けておくことでした。じいさんは、一晩《ばん》じゅうかかって、たくさんのウナギつりばりをしかけておきました。今度は、なんだかうまくいきそうな気がしてなりませんでした。

③ 　よく日の昼近く、じいさんはむねをわくわくさせながら、ぬま地に行きました。昨晩つりばりをしかけておいた辺りに、何かバタバタしているものが見えました。

「しめたぞ。」

じいさんはつぶやきながら、夢中でかけつけました。

「ほほう、これはすばらしい。」

じいさんは、思わず子どものように声を上げ喜びました。一羽だけであったが、生きているガンがうまく手に入ったので、じいさんはうれしく思いました。

　さかんにばたついたとみえて、辺り一面に羽が飛び散っていました。

　ガンの群れは、これに危《き》険を感じてえさばを変えたらしく、付近には一羽も見えませんでした。しかし、大造じいさんは、たかが鳥のことだ、一晩たてば、またわすれてやって来るにちがいないと考えて、昨日よりも、もっとたくさんのつりばりをばらまいておきました。
④
　そのよく日、昨日と同じ時こくに、大造じいさんは出かけていきました。

　秋の日が、美しくかがやいていました。じいさんがぬま地にすがたを現すと、大きな羽音とともに、ガンの大群が飛び立ちました。じいさんは、「はてな。」と首をかしげました。

　つりばりをしかけておいた辺りで、確かに、ガンがえをあさった形せきがあるのに、今日は一羽もはりにかかっていません。いったい、どうしたというのでしょう。

　気をつけて見ると、つりばりの糸が、みなぴいんと引きのばされています。

　ガンは、昨日の失敗にこりて、えをすぐには飲みこまないで、まず、くちばしの先にくわえて、ぐうと引っぱってみてから、いじょう無しとみとめると、初めて飲みこんだものらしいのです。これも、あの残雪が、仲間を指導してやったにちがいありません。


「ううむ。」

　大造じいさんは、思わず感たんの声をもらしてしまいました。

　ガンとかカモとかいう鳥は、鳥類の中で、あまりりこうなほうではないといわれていますが、どうしてなかなか、あの小さい頭の中に、たいしたちえをもっているものだなということを、今さらのように感じたのであります。

2

①
　そのよく年も、残雪は、大群を率いてやって来ました。そして、例によって、ぬま地のうちでも見通しのきく所をえさ場に選んで、えをあさるのでした。

　大造じいさんは、夏のうちから心がけて、タニシを五俵ばかり集めておきました。そして、それを、ガンの好みそうな場所にばらまいておきました。どんなあんばいだったかなと、その夜行ってみると、案の定、そこに集まって、さかんに食べた形せきがありました。

　そのよく日も、同じ場所に、うんとこさとまいておきました。そのまたよく日も、同じようなことをしました。
②
ガンの群れは、思わぬごちそうが四、五日も続いたので、ぬま地のうちでも、そこが、いちばん気に入りの場所となったようでありました。

　大造じいさんは、うまくいったので、会心のえみをもらしました。

3

① 今年もまた、ぼつぼつ、例のぬま地にガンの来る季節になりました。

大造じいさんは、生きたドジョウを入れたどんぶりを持って、鳥小屋の方に行きました。じいさんが小屋に入ると、一羽のガンが、羽をばたつかせながら、じいさんに飛び付いてきました。

このガンは、二年前、じいさんがつりばりの計略で生けどったものだったのです。今では、すっかりじいさんになついていました。ときどき、鳥小屋から運動のために外に出してやるが、ヒュー、ヒュー、ヒューと口笛をふけば、どこにいてもじいさんの所に帰ってきて、そのかた先に止まるほどに慣れていました。

大造じいさんは、ガンがどんぶりからえを食べているのを、じっと見つめながら、

「今年はひとつ、これを使ってみるかな。」

と、独り言を言いました。

じいさんは、長年の経験で、ガンは、いちばん最初に飛び立ったものの後について飛ぶ、ということを知っていたので、このガンを手に入れたときから、ひとつ、これをおとりに使って、残雪の仲間をとらえてやろうと、考えていたのでした。

② さて、いよいよ残雪の一群が今年もやって来たと聞いて、大造じいさんは、ぬま地へでかけていきました。

そこで、夜の間に、えさ場より少しばかりはなれた所に小さな小屋を作って、その中にもぐりこみました。そして、ねぐらをぬけ出して、このえさ場にやって来るガンの群れを待っているのでした。

③ あかつきの光が、小屋の中にすがすがしく流れこんできました。

ぬま地にやって来るガンのすがたが、かなたの空に黒く点々と見えだしました。先頭に来るのが、残雪にちがいありません。

その群れは、ぐんぐんやって来ます。

「しめたぞ。もう少しのしんぼうだ。あの群れの中に一発ぶちこんで、今年こそは、目にもの見せてくれるぞ。」りょうじゅうをぐっとにぎりしめた大造じいさんは、ほおがびりびりするほど引きしまるのでした。

ところが、残雪は、油断なく地上を見下ろしながら、群れを率いてやって来ました。

④ そして、ふと、いつものえさ場に、昨日までなかった小さな小屋をみとめました。

「様子の変わった所には、近づかぬがよいぞ。」かれの本能は、そう感じたらしいのです。ぐっと、急角度に方向を変えると、その広いぬま地のずっと西側のはしに着陸しました。

もう少しでたまのとどくきょりに入ってくる、というところで、またしても、残雪のためにしてやられてしまいました。

大造じいさんは、広いぬま地の向こうをじっと見つめたまま、

「ううん。」

と、うなってしまいました。

ガンたちは、昨年じいさんが小屋がけした所から、たまのとどくきょりの三倍もはなれている地点を、えさ場にしているようでした。そこは、夏の出水《しゅっすい》で大きな水たまりができて、ガンのえが十分にあるらしかったのです。

「うまくいくぞ。」

大造じいさんは、青くすんだ空を見上げながら、にっこりとしました。

その夜のうちに、飼い慣らしたガンを例のえさ場に放ち、昨年建てた小屋の中にもぐりこんで、ガンの群れを待つことにしました。

③

「さあ、いよいよ戦とう開始だ。」

東の空が真っ赤に燃えて、朝が来ました。

残雪は、いつものように群れの先頭に立って、美しい朝の空を、真一文字に横切ってやって来ました。

やがて、えさ場に下りると、グワア、グワアというやかましい声で鳴き始めました。大造じいさんのむねは、わくわくしてきました。しばらく目をつぶって、心の落ち着くのを待ちました。そして、冷え冷えするじゅう身をぎゅっとにぎりしめました。

じいさんは目を開きました。

「さあ、今日こそ、あの残雪めにひとあわふかせてやるぞ。」

④

くちびるを二、三回静にぬらしました。そして、あのおとりを飛び立たせるために口笛をふこうと、くちびるをとんがらせました。と、そのとき、ものすごい羽音とともに、ガンの群れがいちどにバタバタと飛び立ちました。

「どうしたことだ。」

じいさんは、小屋の外にはい出してみました。

ガンの群れを目がけて、白い雲の辺りから、何か一直線に落ちてきました。

「ハヤブサだ。」

ガンの群れは、残雪に導かれて、実にすばやい動作で、ハヤブサの目をくらましながら飛び去っていきます。

⑤

「あっ。」

一羽、飛びおくれたのがいます。

大造じいさんのおとりのガンです。長い間飼い慣らされていたので、野鳥としての本能がにぶっていたのでした。

ハヤブサは、その一羽を見のがしませんでした。

じいさんは、ピュ、ピュ、ピュと口笛をふきました。

こんな命がけの場合でも、飼い主の呼び声を聞き分けたとみえて、ガンは、こっちに方向を変えました。

ハヤブサは、その道をさえぎって、パーンと一けりけりました。

ぱっと、白い羽《う》毛があかつきの空に光って散りました。ガンの体はななめにかたむきました。

もう一けり、ハヤブサがこうげきのしせいをとったとき、さっと、大きなかげが空を横切りました。

残雪です。

大造じいさんは、ぐっとじゅうをかたに当て、残雪をねらいました。が、なんと思ったか、再びじゅうを下ろしてしまいました。

⑥ 残雪の目には、人間もハヤブサもありませんでした。ただ、救わねばならぬ仲間のすがたがあるだけでした。

いきなり、敵にぶつかっていきました。そして、あの大きな羽で、力いっぱい相手をなぐりつけました。

不意を打たれて、さすがのハヤブサも、空中でふらふらとよろめきました。が、ハヤブサも、さるものです。さっと体勢を整えると、残雪のむな元に飛びこみました。

ぱっ

ぱっ

羽が、白い花弁のように、すんだ空に飛び散りました。

そのまま、ハヤブサと残雪は、もつれ合って、ぬま地に落ちていきました。

⑦ 大造じいさんはかけつけました。

二羽の鳥は、なおも地上ではげしく戦っていました。が、ハヤブサは、人間のすがたをみとめると、急に戦いをやめて、よろめきながら飛び去っていきました。

残雪は、むねの辺りをくれないにそめて、ぐったりとしていました。しかし、第二のおそろしい敵が近づいたのを感じると、残りの力をふりしぼって、ぐっと長い首を持ち上げました。そして、じいさんを正面からにらみつけました。

それは、鳥とはいえ、いかにも頭領らしい、堂々たる態度のようでありました。

大造じいさんが手をのばしても、残雪は、もうじたばたさわぎませんでした。それは、最期《ご》のときを感じて、せめて頭領としてのいげんをきず付けまいと努力しているようでもありました。

大造じいさんは、強く心を打たれて、ただの鳥に対しているような気がしませんでした。

4

① 残雪は、大造じいさんのおりの中で、ひと冬をこしました。春になると、そのむねのきずも治り、体力も元のようになりました。

ある晴れた春の朝でした。

じいさんは、おりのふたをいっぱいに開けてやりました。

残雪は、あの長い首をかたむけて、とつ然に広がった世界におどろいたようでありました。が、

バシッ。

快い羽音一番、一直線に空へ飛び上がりました。

らんまんとさいたスモモの花が、その羽にふれて、雪のように清らかに、はらはらと散りました。

② 「おうい、ガンの英ゆうよ。おまえみたいなえらぶつ《えらいやつ》を、おれは、ひきょうなやり方でやっつけたかあないぞ。なあ、おい。今年の冬も、仲間を連れてぬま地にやって来いよ。そうして、おれたちは、また堂々と戦おうじゃないか。」大造じいさんは、花の下に立って、こう大きな声でガンによびかけました。そうして、残雪が北へ北へと飛び去っていくのを、晴れ晴れとした顔つきでみまもっていました。

いつまでも、いつまでも、見守っていました。

◉著者紹介

山口 憲明（やまぐち のりあき）

早稲田大学政治経済学部卒
元相模原市立小学校教諭

【主な著書】

文学の授業１ **スーホの白い馬** 改訂版
文学の授業２ **一つの花** 改訂版
文学の授業３ **ごんぎつね** 改訂版
文学の授業５ **やまなし** 改訂版

文学の授業 4
大造じいさんとガン 教材分析と全発問

2013年8月29日　初版第１刷発行

著　者●山口《やまぐち》 憲明《のりあき》
発行者●比留川 洋
発行所●株式会社 本の泉社
〒113-0033　東京都文京区本郷 2-25-6
TEL：03-5800-8494
FAX：03-5800-5353
http://www.honnoizumi.co.jp
印　刷●亜細亜印刷株式会社
製　本●株式会社村上製本所

ISBN978-4-7807-1113-4 C3037